AF218833

Impressum
Verlag: BABADADA GmbH, Nedderfeld 112 , 22529 Hamburg
Geschäftsführer / Verlagsleitung: Harald Hof
Druck: Books on Demand GmbH, In de Tarpen 42, 22848 Norderstedt

Imprint
Publisher: BABADADA GmbH, Nedderfeld 112 , 22529 Hamburg, Germany
Managing Director / Publishing direction: Harald Hof
Print: Books on Demand GmbH, In de Tarpen 42, 22848 Norderstedt, Germany

de School

школа

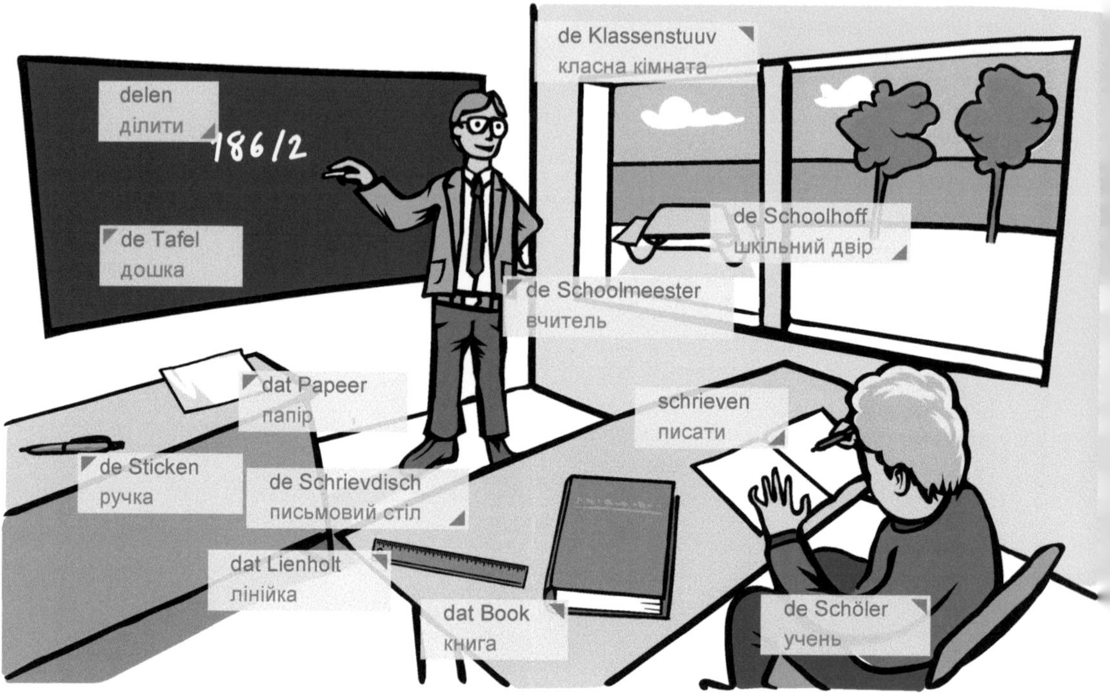

de Klassenstuuv
класна кімната
delen
ділити
186/2
de Tafel
дошка
de Schoolhoff
шкільний двір
de Schoolmeester
вчитель
dat Papeer
папір
schrieven
писати
de Sticken
ручка
de Schrievdisch
письмовий стіл
dat Lienholt
лінійка
dat Book
книга
de Schöler
учень

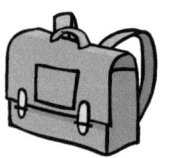

de Ranzel

ранець

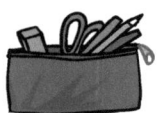

de Feddermapp

пенал

de Bleesticken

олівець

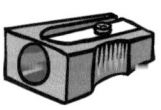

de Scharpmaker

точило

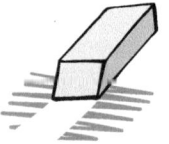

dat Radeergummi

гумка

de Tekenblock

альбом для малювання

de Teken

малюнок

de Pinsel

пензель

de Malkassen

коробка фарб

de Scheer

ножиці

de Klever

клей

dat Heft to'n Öven

зошит

de Huusopgaav

домашнє завдання

de Tall

число

tohooptellen

додавати

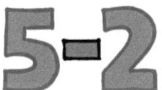

aftrecken

віднімати

malnehmen

множити

reken

рахувати

de Bookstaav

літера

dat ABC

абетка

dat Woort

слово

de Text

текст

lesen

читати

de Kried

крейда

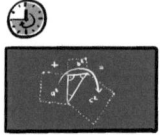

de Stunn

година

dat Klassenbook

класний журнал

de Pröven

екзамен

dat Tüügnis

диплом

de Schooluniform

шкільна форма

de Utbillen

освіта

dat Nakieksel

лексикон

de Universität

університет

dat Mikroskop

мікроскоп

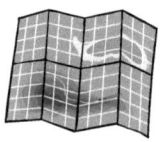

de Koort

карта

de Papeerkorf

кошик для паперу

de School - школа

de Törn

подорож

dat Hotel
готель
Grand
de Harbarg
турбаза
ROOMS
CHANGE
de Wesselstuuv
обмінний пункт
de Kuffer
валіза
dat Auto
автомобіль

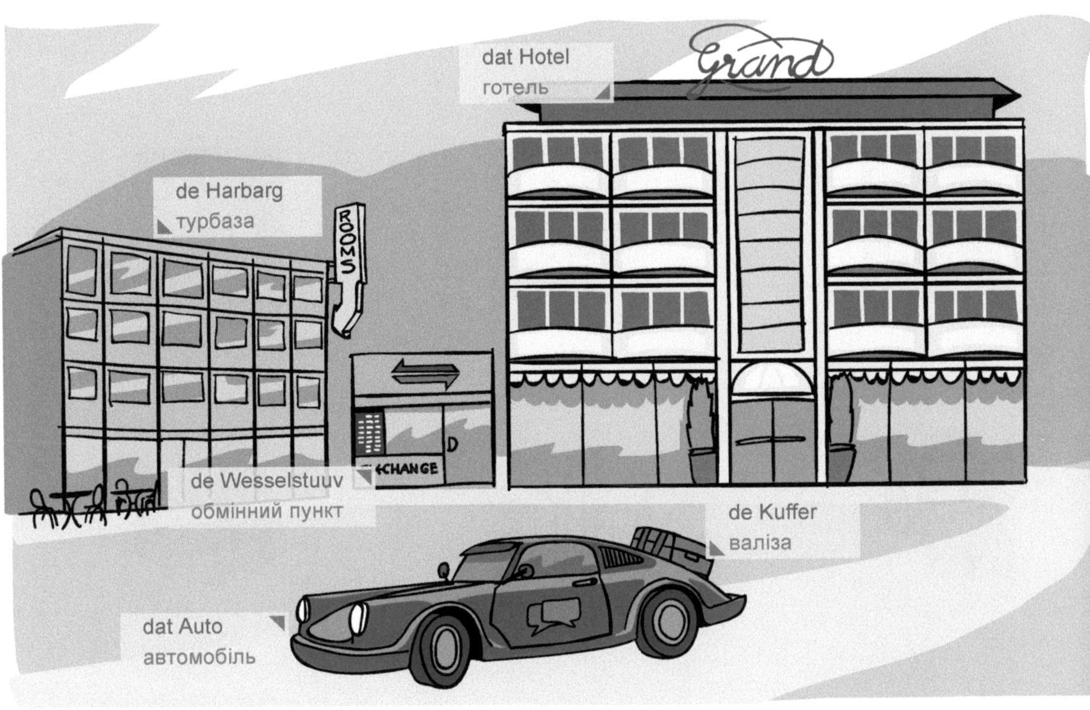

de Spraak

мова

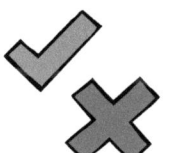

jo / ne

так / ні

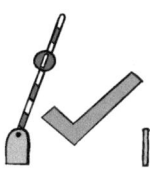

Jo

добре

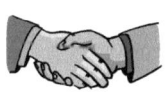

Moin

привіт

de Översetter

перекладач

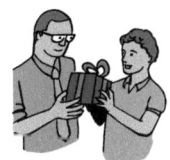

Dank ok

дякую

Wat kost…?

Скільки коштує …?

Ik verstah nich

Я не розумію

dat Problem

проблема

Goden Avend

Добрий вечір!

Moin!

Доброго ранку!

Gode Nacht!

На добраніч!

Tschüüs

До побачення

de Richt

напрямок

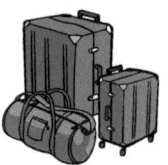

de Bagaasch

багаж

de Tasch

сумка

de Rüchsack

рюкзак

de Gast

гість

de Stuuv

кімната

de Slaapsack

спальний мішок

dat Telt

намет

de Törn - подорож

de Touristeninformatschoon

туристична інформація

de Strand

пляж

de Kreditkoort

кредитна картка

dat Fröhstück

сніданок

dat Meddageten

обід

dat Avendeten

вечеря

de Fohrkort

квиток

de Fohrstohl

ліфт

de Breefmark

поштова марка

de Grenz

межа

de Toll

митниця

de Bottschop

посольство

dat Visum

віза

de Pass

паспорт

de Transport
транспорт

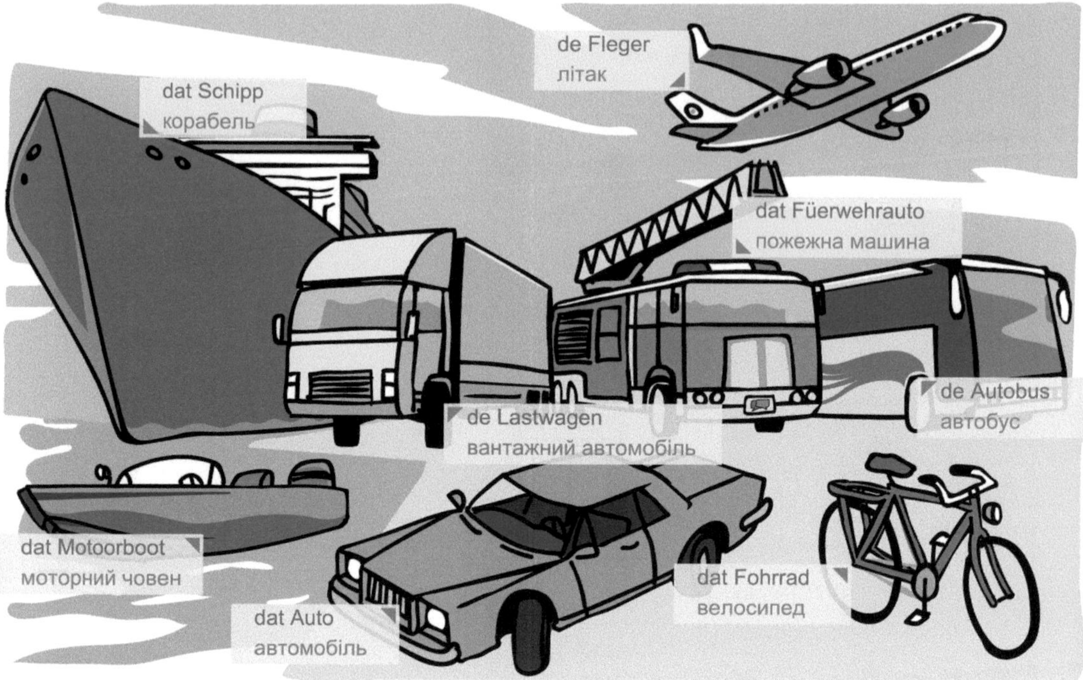

de Fleger
літак
dat Schipp
корабель
dat Füerwehrauto
пожежна машина
de Lastwagen
вантажний автомобіль
de Autobus
автобус
dat Motoorboot
моторний човен
dat Fohrrad
велосипед
dat Auto
автомобіль

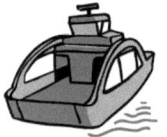

de Fähr

пором

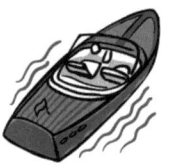

dat Boot

човен

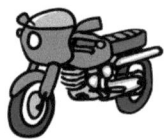

dat Motoorrad

мотоцикл

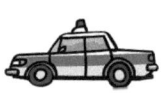

dat Polizeiauto

поліцейська машина

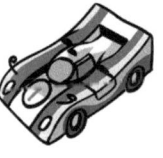

dat Rönnauto

гоночний автомобіль

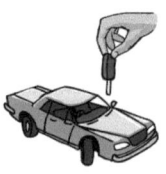

de Lehnwagen

автомобіль на прокат

dat Carsharing

спільне користування авто

de Afsleepwagen

евакуатор

dat Müllauto

сміттєвоз

de Motoor

двигун

de Kraftstoff

паливо

de Tanksteed

автозаправна станція

dat Verkehrsschild

дорожній знак

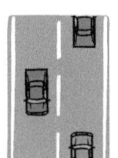

de Verkehr

рух

de Stau

затор

de Afstellplatz

стоянка

de Bahnhoff

вокзал

de Sporen

рейки

de Tog

потяг

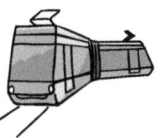

de Stratenbahn

трамвай

de Wagon

вагон

de Dwarsmöhl

гелікоптер

de Flooghaven

аеропорт

de Tower

вежа

de Fohrgast

пасажир

de Grootkist

контейнер

de Karton

коробка

de Koor

візок

de Korf

кошик

starten / lannen

стартувати / приземлятися

de Stadt

місто

dat Dörp

село

de Binnenstadt

центр міста

dat Huus

дім

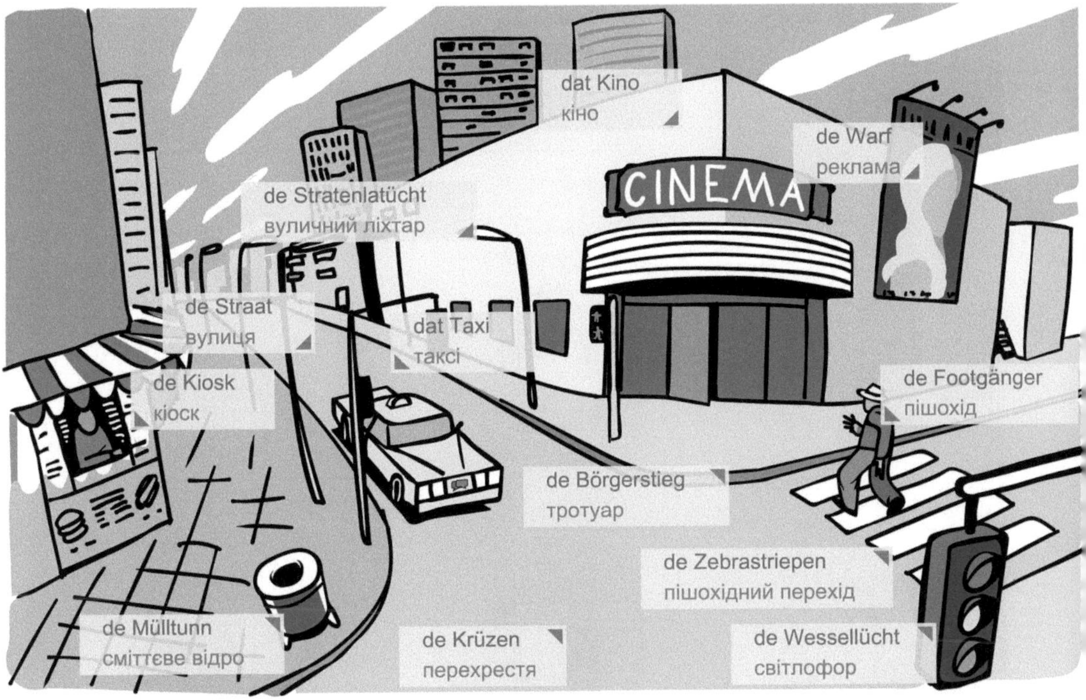

dat Kino
кіно

de Warf
реклама

de Stratenlatücht
вуличний ліхтар

CINEMA

de Straat
вулиця

dat Taxi
таксі

de Kiosk
кіоск

de Footgänger
пішохід

de Börgerstieg
тротуар

de Zebrastriepen
пішохідний перехід

de Mülltunn
сміттєве відро

de Krüzen
перехрестя

de Wessellücht
світлофор

de Hütt
....
хатина

de Wahnung
....
квартира

de Bahnhoff
....
вокзал

dat Raathuus
....
ратуша

dat Museum
....
музей

de School
....
школа

de Universität

університет

de Bank

банк

dat Krankenhuus

лікарня

dat Hotel

готель

de Afteek

аптека

dat Büro

офіс

de Bookhökerie

книжковий магазин

de Hökerie

магазин

de Blomenhökerie

квітковий магазин

de Supermarkt

супермаркет

de Markt

ринок

dat Koophuus

універмаг

de Fischhökerie

торговець рибою

dat Inkoopszentrum

торговельний центр

de Haven

гавань

de Parkanlaag

парк

de Bank

лава

de Brüch

міст

de Trepp

сходи

de Ünnergrundbahn

метро

de Tunnel

тунель

de Busstoppsteed

автобусна зупинка

de Bar

бар

dat Spieslokal

ресторан

de Breefkassen

поштова скринька

dat Stratenschild

вулична табличка

de Parkklock

лічильник паркування

de Deertenpark

зоопарк

de Baadanstalt

басейн

de Muschee

мечеть

de Buernhoff

ферма

de Ümweltversmudden

забруднення
навколишнього
середовища

de Karkhoff

кладовище

de Kark

церква

de Speelplatz

дитячий майданчик

de Tempel

храм

de Landschop
ландшафт

dat Blatt
листок

de Wiespahl
вказівний стовп

de Weg
шлях

de Wisch
луг

de Steen
камінь

de Boom
дерево

de Wannerer
мандрівник

de Fluss
річка

dat Gras
трава

de Bloom
квітка

dat Daal

долина

de Barg

гора

de See

озеро

dat Holt

ліс

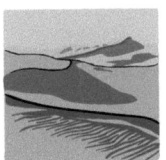

de Wööst

пустеля

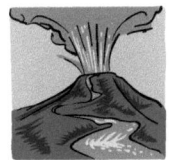

de Füerspien Barg

вулкан

dat Slott

замок

de Regenbagen

веселка

de Poggenstohl

гриб

de Palm

пальма

de Steekmück

комар

de Fleeg

муха

de Miegeemk

мурашка

de Imm

бджола

de Spinn

павук

de Sebber

жук

de Pogg

жаба

de Katteker

вивірка

de Swienegel

їжак

de Haas

заєць

de Uul

сова

de Vagel

птах

de Swaan

лебідь

dat Wildswien

кабан

de Hirsch

олень

de Elk

лось

de Staudamm

гребля

dat Windrad

вітряк

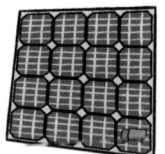

dat Solarmodul

сонячний модуль

dat Klima

клімат

de Landschop - ландшафт

dat Spieslokal

ресторан

de Kellner
офіціант
de Spieskoort
меню
de Stohl
стілець
de Supp
суп
de Pizza
піца
dat Bestick
столові прилади
de Dischdeek
скатертина

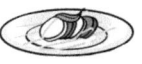

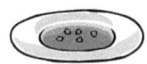

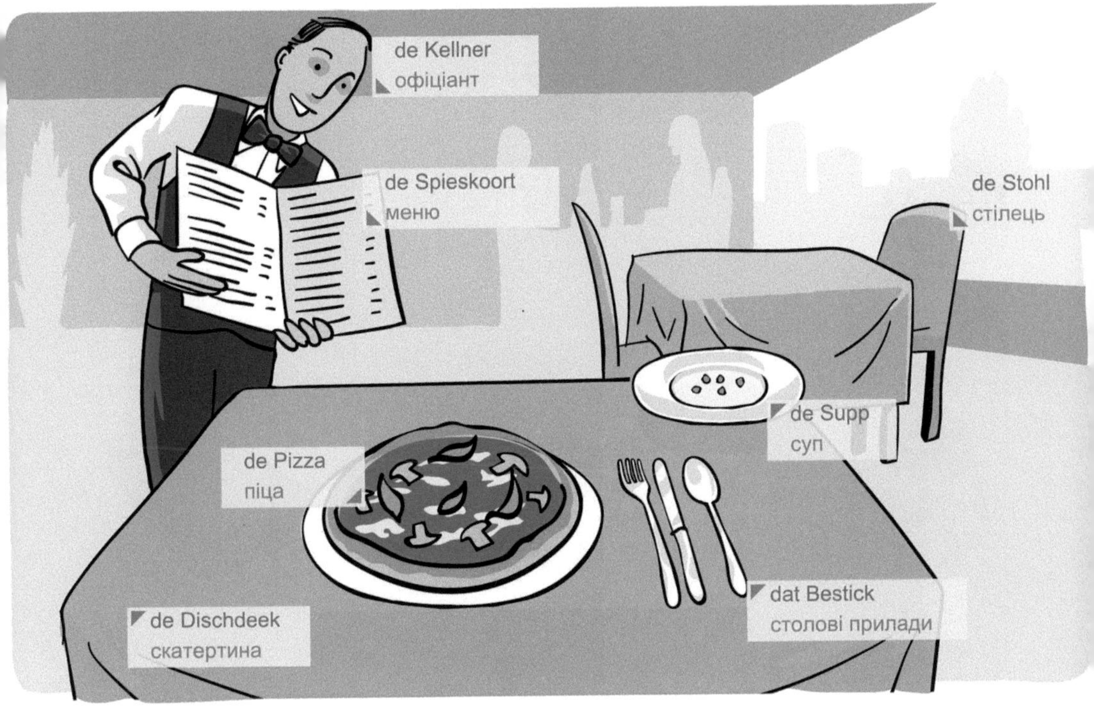

de Vörspies

закуска

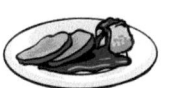

dat Haupteten

друга страва

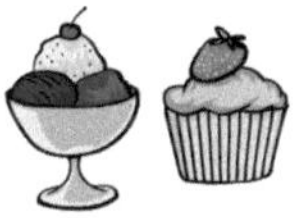

de Nadisch

десерт

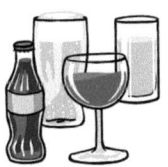

de Drünk

напої

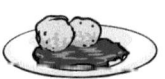

dat Eten

їжа

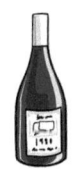

de Buddel

пляшка

dat Fastfood

фаст-фуд

dat Strateneten

вулична їжа

de Teekann

чайник

de Zuckerdoos

цукорниця

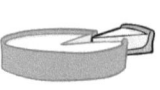

de Portschoon

порція

de Espressomaschien

еспресо-машина

de Hoochstohl

високий стільчик

de Reken

рахунок

dat Tablett

піднос

dat Mess

ніж

de Gavel

вилка

de Lepel

ложка

de Teelepel

чайна ложка

dat Munddook

серветка

dat Glas

склянка

dat Spieslokal - ресторан

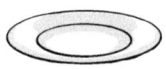

de Töller

тарілка

de Suppentöller

тарілка для супу

de Ünnertass

блюдце

de Sooß

соус

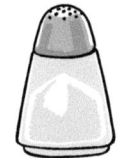

de Soltstreuer

солонка

de Pepermöhl

млин для перцю

de Etig

оцет

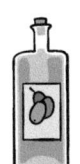

dat Ööl

масло

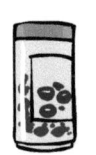

de Krüder

спеції

de Ketchup

кетчуп

de Mostrich

гірчиця

de Mayonnaise

майонез

de Supermarkt

супермаркет

dat Anbott
пропозиція
FOR
de Kunn
клієнт
de Melkprodukten
молочні продукти
dat Aaft
фрукти
de Inkoopswagen
візок для покупок

BUTCHERS

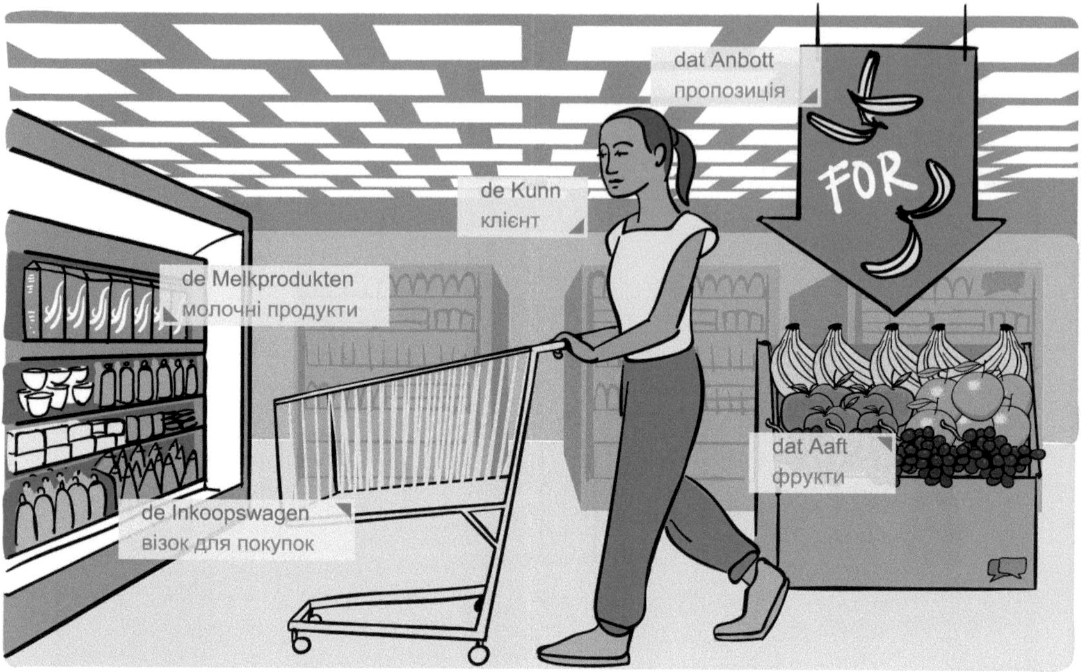

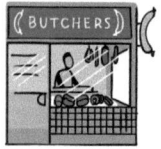

de Slachterie

м'ясний магазин

BAKERY

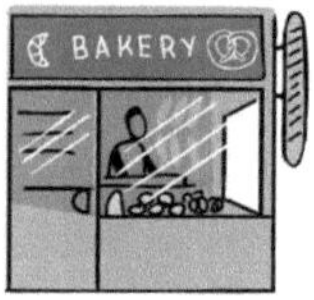

de Bäckerie

пекарня

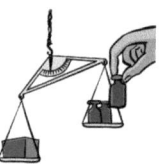

wegen

зважувати

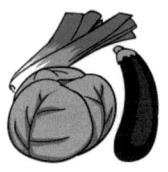

de Gröönsaken

овочі

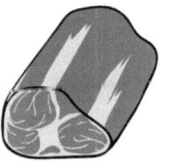

dat Fleesch

м'ясо

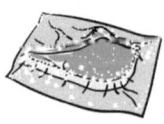

de Deepköhlkost

заморожені продукти

de Opsnitt

ковбасна нарізка

de Konserven

консерви

de Waschmiddel

пральний порошок

de Snoopkraam

солодощі

de Huushooltssaken

предмети домашнього побуту

de Reinmaaktüüch

мийний засіб

de Verköpersche

продавщиця

de Kass

каса

de Kasserer

касир

de Inkoopslist

список покупок

de Opsparrtieden

часи роботи

de Breeftasch

гаманець

de Kreditkoort

кредитна картка

de Tasch

сумка

de Plastiktüüt

поліетиленовий пакет

dat Water

вода

de Saft

сік

de Melk

молоко

de Cola

кола

de Wien

вино

dat Beer

пиво

de Spriet

алкоголь

de Kakao

какао

de Tee

чай

de Koffie

кава

de Espresso

еспресо

de Cappucino

капучіно

de Banaan

банан

de Appel

яблуко

de Appelsien

апельсин

de Meloon

кавун

de Zitroon

лимон

de Wöttel

морква

de Knuuvlook

часник

de Bambus

бамбук

de Zibbel

цибуля

de Poggenstohl

гриб

de Nööt

горішки

de Nudeln

локшина

de Spaghetti

спагеті

de Ries

рис

de Salat

салат

de Pommes frites

картопля фрі

de Braadkantüffeln

смажена картопля

de Pizza

піца

de Hamborger

гамбургер

dat Sandwich

бутерброд

dat Snitzel

шніцель

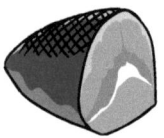

de Schinken

шинка

de Salami

салямі

de Wust

ковбаса

dat Hohn

курка

de Braden

печеня

de Fisch

риба

de Haverflocken

вівсяні пластівці

dat Müsli

мюслі

de Cornflakes

кукурудзяні пластівці

dat Mehl

борошно

de Croissant

круасан

dat Rundstück

булочка

dat Broot

хліб

dat Toast

тостовий хліб

de Keksen

печиво

de Botter

масло

de Quark

сир

de Koken

пиріг

dat Ei

яйце

dat Spegelei

яєчня

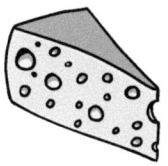

de Kees

сир

de Ies

морозиво

de Zucker

цукор

de Honnig

мед

de Marmelaad

мармелад

de Nougat-Creme

нуга-крем

dat Curry

карі

de Buernhoff

ферма

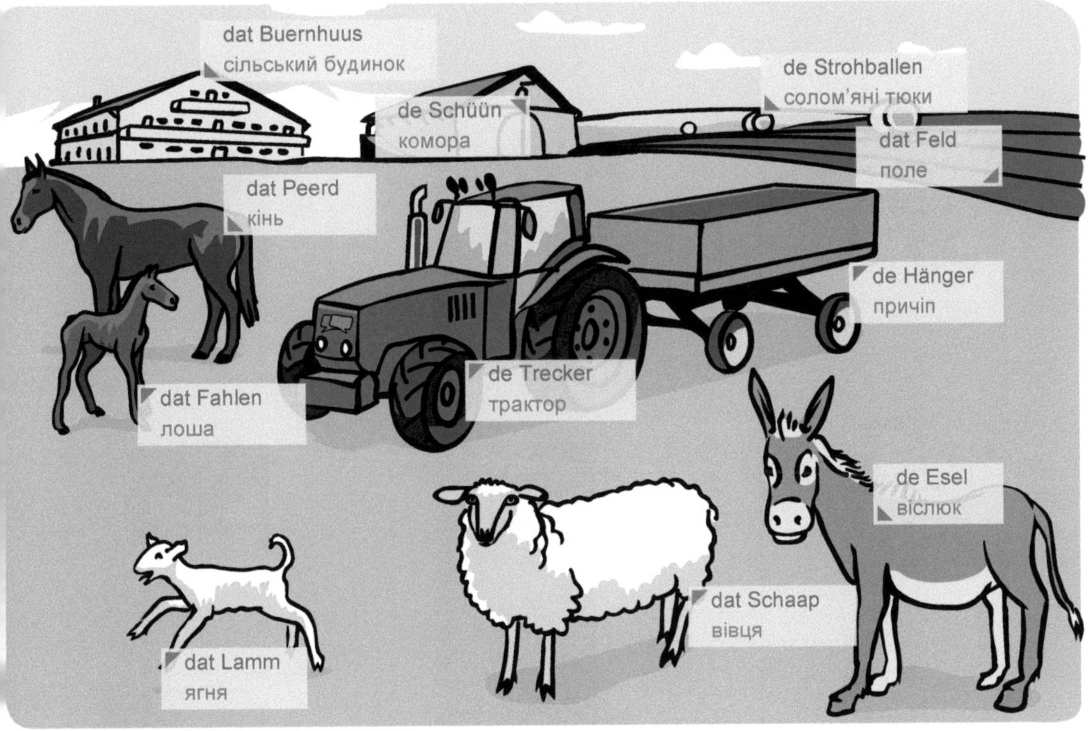

dat Buernhuus
сільський будинок
de Schüün
комора
de Strohballen
солом'яні тюки
dat Feld
поле
dat Peerd
кінь
de Hänger
причіп
de Trecker
трактор
dat Fahlen
лоша
de Esel
віслюк
dat Schaap
вівця
dat Lamm
ягня

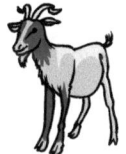

de Zeeg

коза

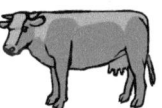

de Koh

корова

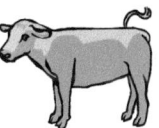

dat Kalf

теля

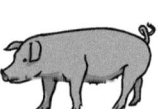

dat Swien

свиня

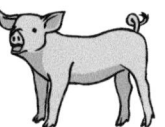

dat Farken

порося

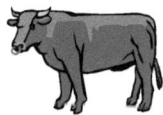

de Bull

бик

de Goos

гусак

de Aant

качка

dat Küken

курча

dat Hohn

курка

de Hahn

півень

de Rott

щур

de Katt

кіт

de Muus

миша

de Oss

віл

de Hund

собака

de Hunnenhütt

собача будка

de Goornslauch

садовий шланг

de Geetkann

лійка

de Lee

коса

de Ploog

плуг

de Sich

серп

de Hack

мотика

de Mestfork

вила

de Ext

сокира

de Schuufkoor

тачка

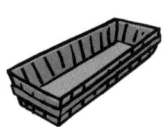

de Trog

корито

de Melkkann

бідон молока

de Sack

мішок

de Tuun

паркан

de Stall

хлів

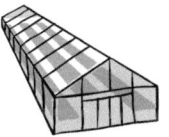

dat Drievhuus

теплиця

de Bodden

ґрунт

de Saat

насіння

de Dünger

добриво

de Meihdöscher

комбайн

oornen

пожинати

de Oorn

урожай

de Yamswöttel

корінь ямсу

de Weten

пшениця

dat Soja

соя

de Kantüffel

картопля

de Törksche Weten

кукурудза

de Rapp

ріпак

de Aaftboom

плодове дерево

de Troopsch Kantüffel

маніок

dat Koorn

злаки

dat Huus
дім

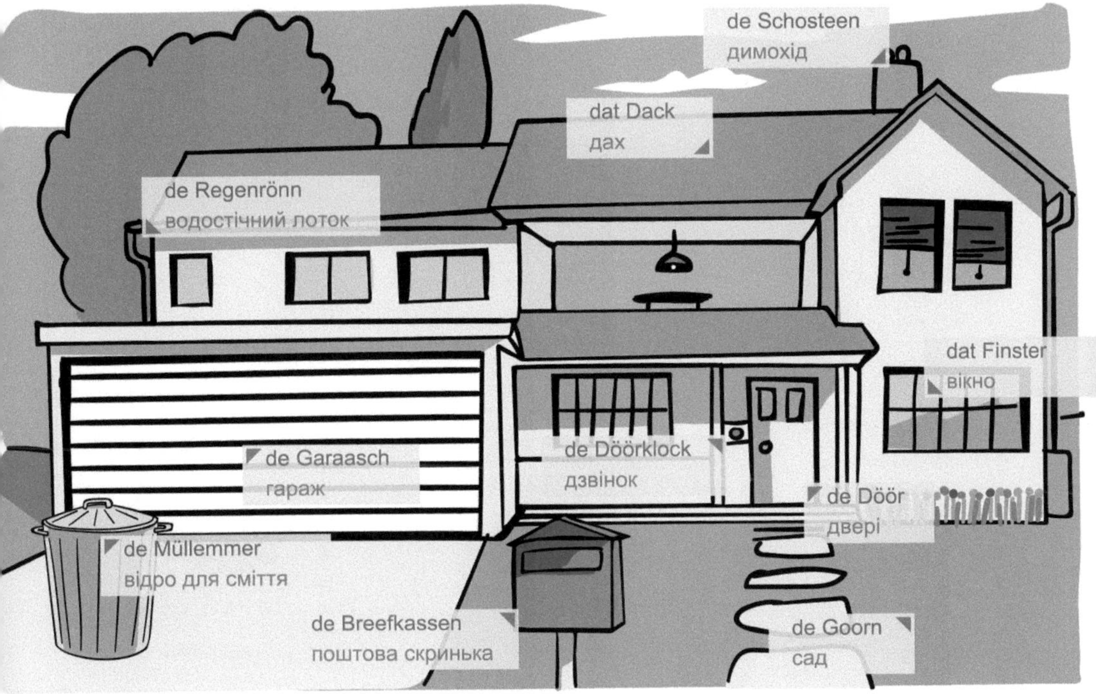
de Schosteen
димохід
dat Dack
дах
de Regenrönn
водостічний лоток
dat Finster
вікно
de Döörklock
дзвінок
de Garaasch
гараж
de Dööр
двері
de Müllemmer
відро для сміття
de Breefkassen
поштова скринька
de Goorn
сад

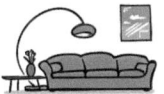

de Wahnstuuv
вітальня

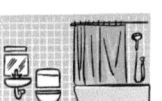

de Baadstuuv
ванна кімната

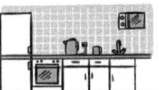

de Köök
кухня

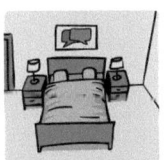

de Slaapstuuv
спальня

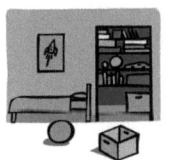

de Kinnerstuuv
дитяча кімната

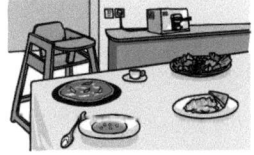

de Eetstuuv
їдальня

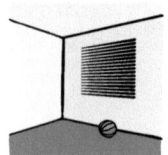

de Footbodden

підлога

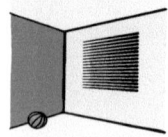

de Wand

стіна

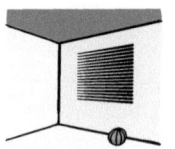

de Deek

стеля

de Keller

підвал

dat Hittluftbad

сауна

de Balkon

балкон

de Terrass

тераса

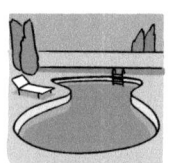

dat Swümmbad

басейн

de Rasenmeiher

косарка

de Bettbetog

простирало

de Bettdeek

ковдра

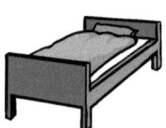

de Puuch

ліжко

de Bessen

мітла

de Emmer

відро

de Schalter

перемикач

de Wahnstuuv

вітальня

de Tapeet
шпалери
dat Bild
малюнок
de Lamp
лампа
dat Regal
поличка
dat Schapp
шафа
de Kiekkassen
телевізор
de Kamin
камін
de Bloom
квітка
dat Küssen
подушка
dat Sofa
диван
de Vaas
ваза
de Feernbedenen
пульт

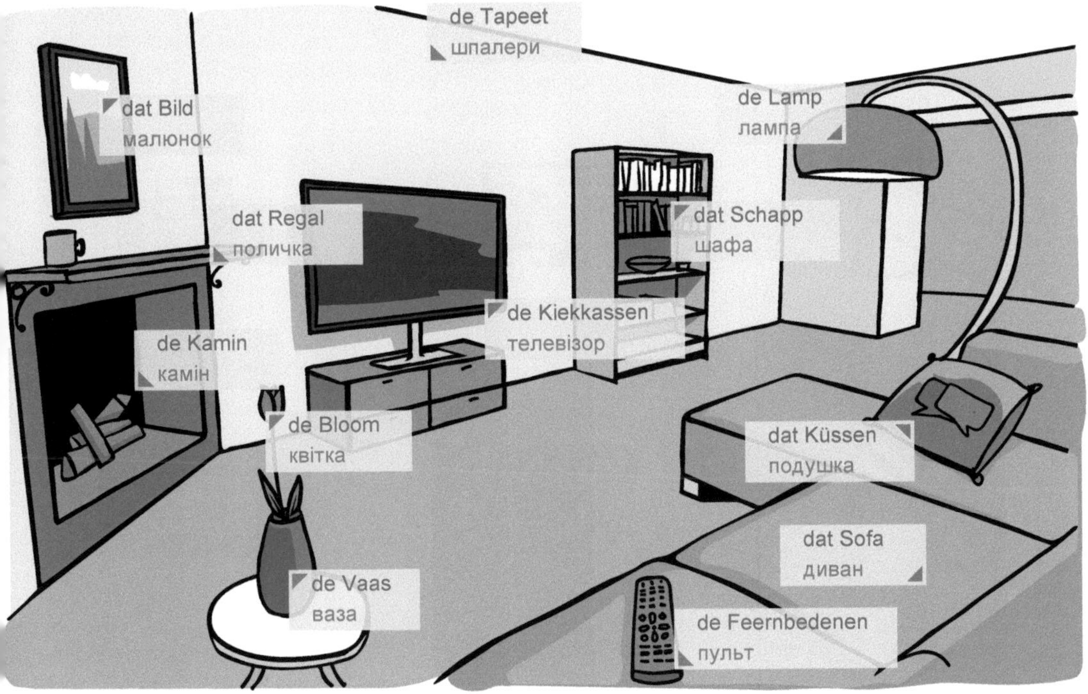

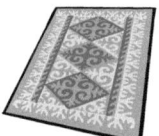

de Teppich

килим

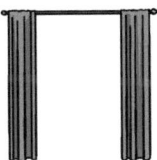

de Vörhang

завіса

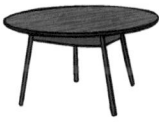

de Disch

стіл

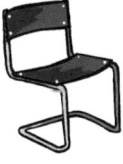

de Stohl

стілець

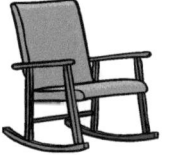

de Schuckelstohl

крісло-гойдалка

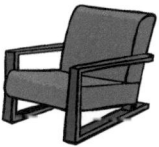

de Sessel

крісло

dat Book

книга

de Deek

ковдра

de Dekoratschoon

прикраса

dat Füerholt

дрова

de Film

фільм

de Stereoanlaag

стереосистема

de Slötel

ключ

dat Narichtenblatt

газета

dat Gemälde

картина

dat Poster

плакат

dat Radio

радіо

de Opschrievblock

блокнот

de Huulbessen

пилосос

de Kaktus

кактус

de Kars

свічка

de Köök

кухня

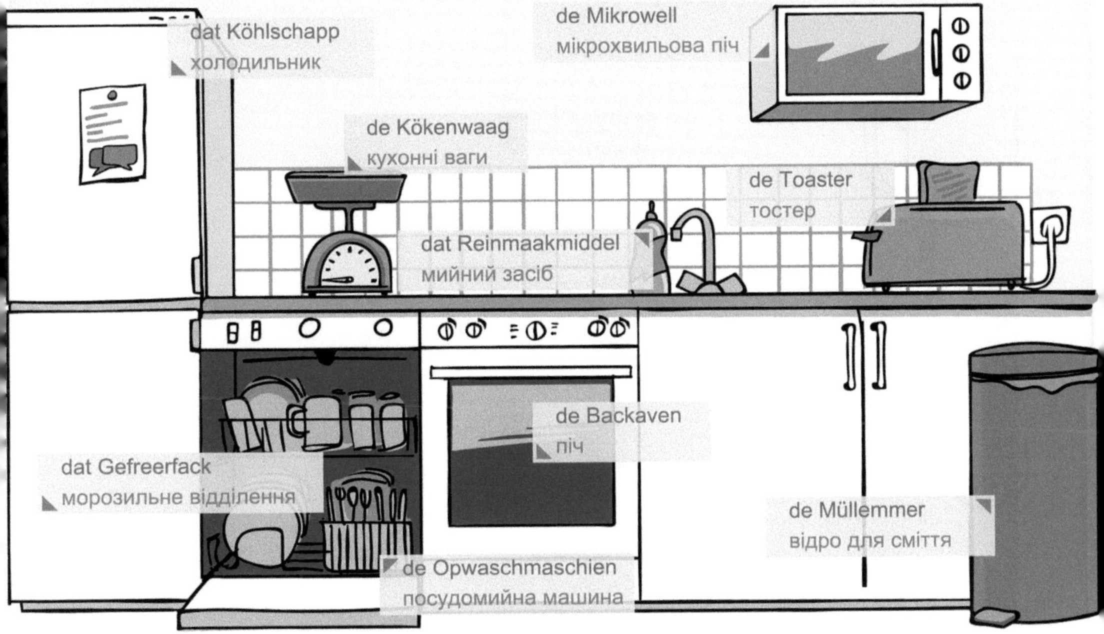

dat Köhlschapp
холодильник
de Mikrowell
мікрохвильова піч
de Kökenwaag
кухонні ваги
de Toaster
тостер
dat Reinmaakmiddel
мийний засіб
de Backaven
піч
dat Gefreerfack
морозильне відділення
de Müllemmer
відро для сміття
de Opwaschmaschien
посудомийна машина

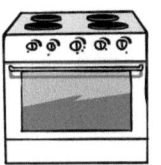

de Heerd

плита

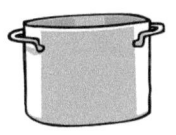

de Pott

горщик

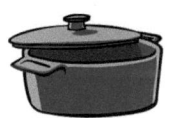

de Gussiesern Putt

чавунний горщик

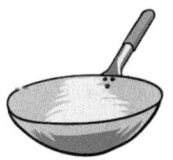

de Wok / Kadai

вок / кадай

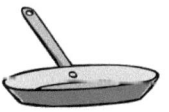

de Pann

сковорода

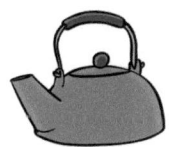

de Waterkaker

чайник

de Dampkaakputt

пароварка

dat Backblick

лист

dat Geschirr

посуд

de Beker

кухоль

de Schaal

чаша

de Eetsticken

палички для їжі

de Suppenkell

черпак

de Pannenwenner

лопатка

de Sneebessen

вінчик для збивання

dat Kaakseef

сито

dat Seef

сито

de Riev

терка

de Mörser

ступка

de Grill

барбекю

de Füerstell

багаття

dat Sniedbrett

дошка

dat Nudelholt

качалка

de Proppentrecker

штопор

de Doos

консерва

de Dosenaapner

відкривачка

de Pottlappen

прихватки

dat Waschbecken

раковина

de Böst

щітка

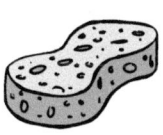

de Swamm

губка

de Mixer

міксер

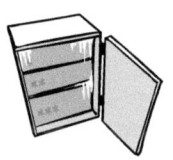

dat Iesschapp

морозильна камера

de Nuckelbuddel

дитяча пляшка

de Waterhahn

кран

de Baadstuuv
ванна кімната

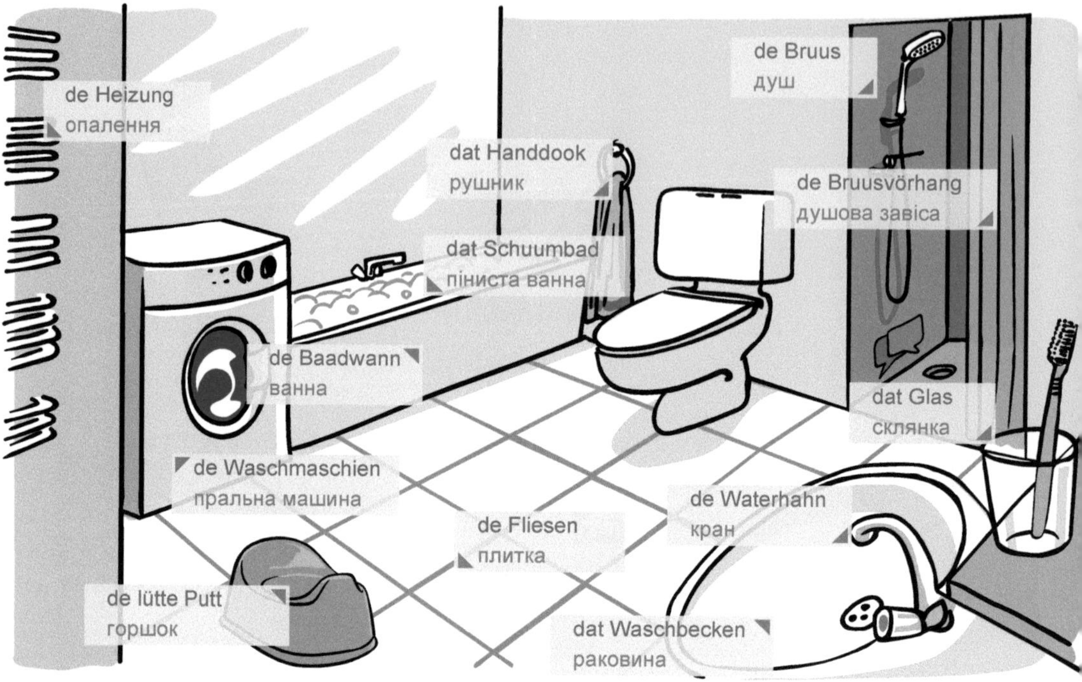
de Heizung
опалення
dat Handdook
рушник
de Bruus
душ
de Bruusvörhang
душова завіса
dat Schuumbad
пiниста ванна
de Baadwann
ванна
de Waschmaschien
пральна машина
dat Glas
склянка
de Waterhahn
кран
de Fliesen
плитка
de lütte Putt
горшок
dat Waschbecken
раковина

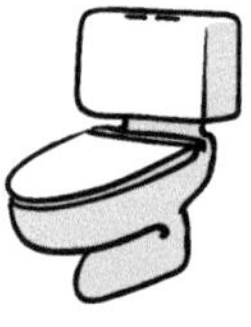

de Tante Meier

туалет

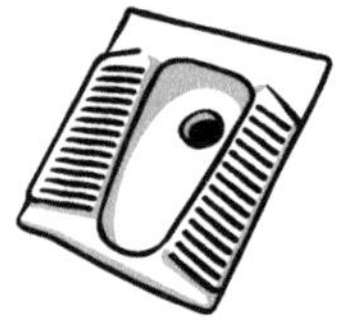

de Hockklo

підлоговий туалет

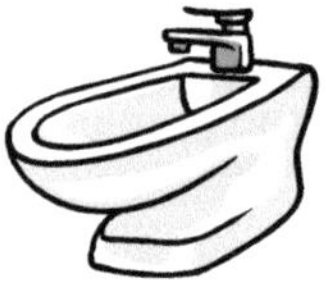

dat Bidet

біде

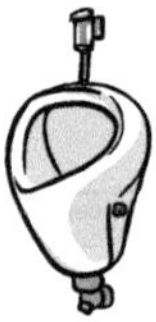

dat Miegbecken

пісуар

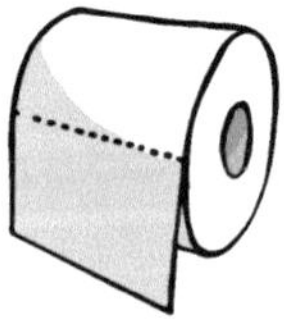

dat Klopapeer

туалетний папір

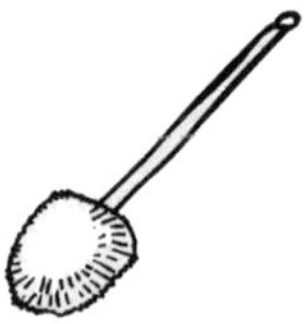

de Klobö st

щітка для туалету

de Tähnböst

зубна щітка

de Tähnpast

зубна паста

de Tähnsied

нитка для чищення зубів

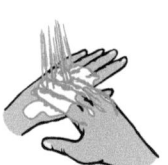

waschen

мити

de Handbruus

ручний душ

de Intimbruus

інтимний душ

de Waschschöttel

таз

de Rüchböst

щітка для спини

de Seep

мило

dat Bruusgeel

гель для душу

dat Hoorwaschmiddel

шампунь

de Waschlappen

мочалка

de Afloop

водостік

de Creme

крем

dat Deodorant

дезодорант

de Spegel

дзеркало

de Kosmetikspegel

косметичне дзеркало

de Raserer

бритва

de Raseerschuum

піна для гоління

dat Raseerwater

лосьйон після гоління

de Kamm

гребінь

de Böst

щітка

de Hoordröger

фен

dat Hoorspray

лак для волосся

de Smink

косметика

de Lippensticken

губна помада

de Nagellack

лак для нігтів

de Watt

вата

de Nagelscheer

ножиці для нігтів

dat Rüükwater

парфум

de Kulturbüdel

косметичка

de Schemel

табурет

de Waag

ваги

de Baadmantel

халат

de Gummihanschen

гумові рукавички

de Tampon

тампон

de Damenbinn

гігієнічні прокладки

dat Chemieklo

біотуалет

de Kinnerstuuv
дитяча кімната

de Wecker
будильник
dat Knudeldeert
м'яка іграшка
dat Speeltüüchauto
іграшковий автомобіль
de Klöter
брязкальце
dat Poppenhuus
ляльковий будиночок
dat Geschenk
подарунок

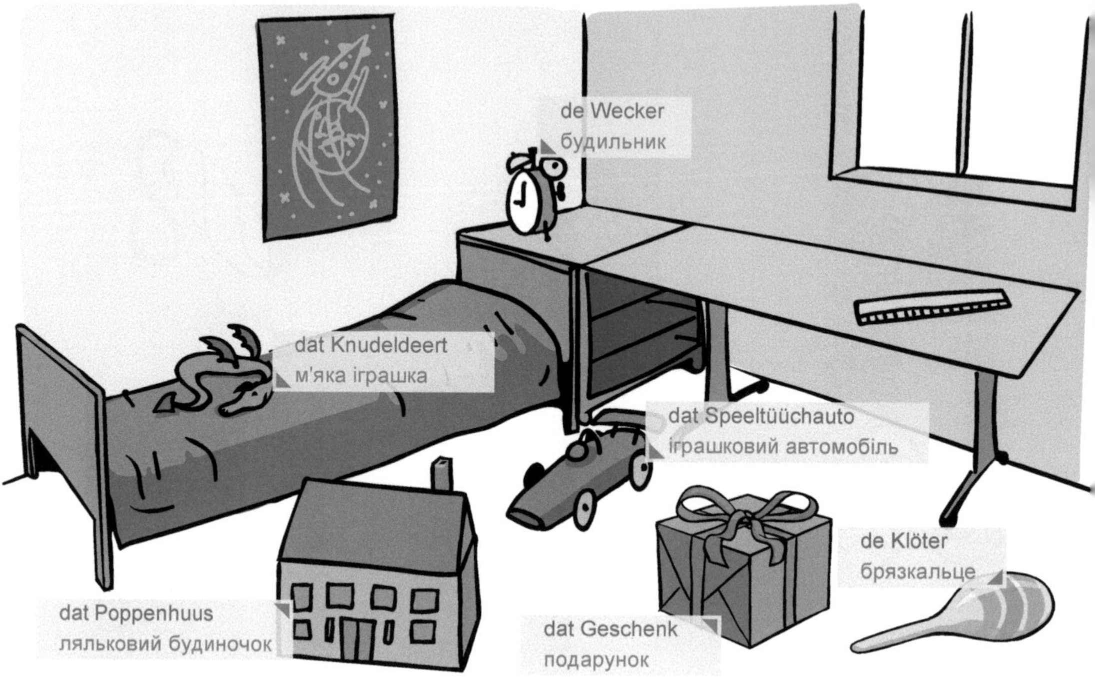

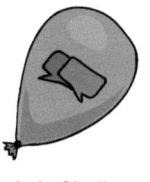

de Luftballon

повітряна кулька

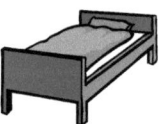

de Puuch

ліжко

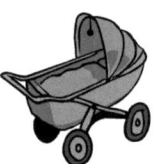

de Kinnerwagen

дитячий візок

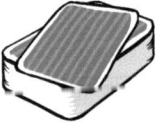

dat Koortenspeel

картярська гра

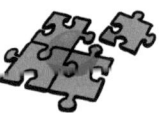

dat Puzzle

пазл

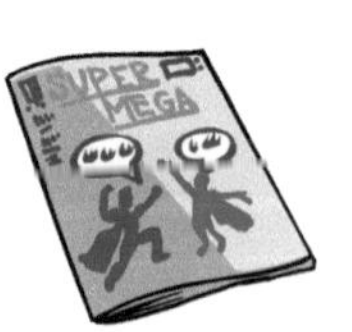

de Billergeschicht

комікс

de Legostenen

лего цеглинки

de Bustenen

блоки

de Action-Figur

іграшкова фігурка

de Strampelantog

повзунки

de Frisbeeschiev

фризбі

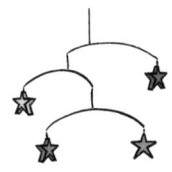

dat Mobile

мобіле

dat Brettspeel

настільна гра

de Wörpel

кубик

de Modelliesenbahn

модель залізнична станція

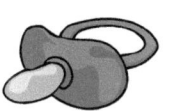

de Snuller

соска

de Party

вечірка

dat Billerbook

книжка з картинками

de Ball

м'яч

de Popp

лялька

spelen

грати

de Sandkassen

пісочниця

de Schuckel

гойдалка

dat Speeltüüch

іграшка

de Speelkonsool

гральна консоль

dat Dreerad

триколісний велосипед

de Teddyboor

плюшевий мішка

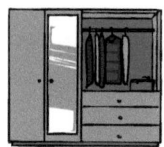

dat Klederschapp

шафа

dat Tüüch

одяг

de Socken

шкарпетки

de Strümp

панчохи

de Strumpbüx

колготки

dat Halsdook
шарф

de Paraplü
парасоля

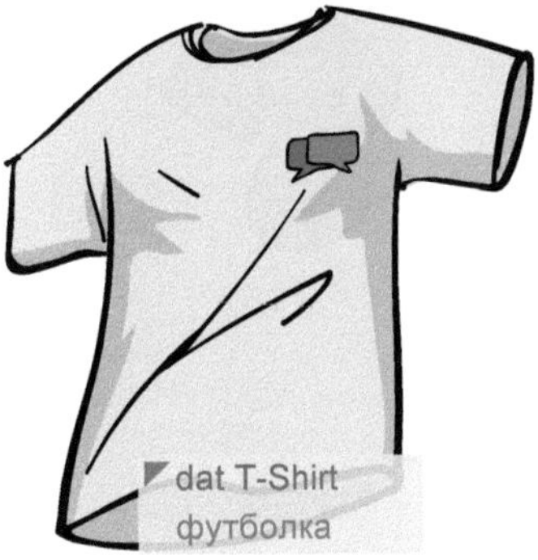

dat T-Shirt
футболка

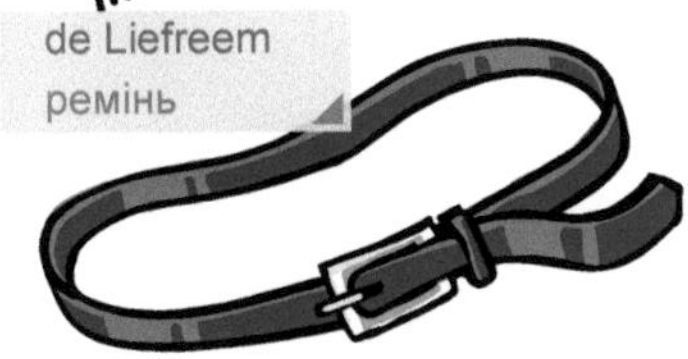

de Liefreem
ремінь

de Stevel
чоботи

de Puuschen
домашнє взуття

de Turnschoh
кросівки

de Sandalen
················
сандалі

de Schoh
················
взуття

de Gummistevel
················
гумові чоботи

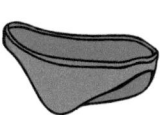

de Ünnerbüx
················
труси

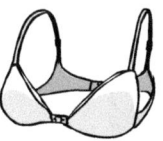

de Bostholler
················
бюстгальтер

dat Ünnerhemd
················
нижня сорочка

dat Tüüch - одяг

de Lief

боді

de Büx

штани

de Jeansnüx

джинси

de Rock

спідниця

de Bluus

блузка

dat Hemd

сорочка

de Pullover

пуловер

de Kapuzenpullover

светр

de Blazer

піджак

de Jack

куртка

de Mantel

пальто

de Övertrecker

дощовик

dat Kostüm

костюм

dat Kleed

сукня

dat Hochtietskleed

весільна сукня

de Antog

костюм

dat Nachtkleed

нічна сорочка

de Slaapantog

піжама

de Sari

сарі

dat Koppdook

головна хустка

de Turban

чалма

de Burka

бурка

de Kaftan

кафтан

de Abaya

абая

de Baadantog

купальник

de Baadbüx

плавки

de Korte Büx

шорти

de Antog to'n Öven

тренувальний костюм

de Schört

фартух

de Handschoh

рукавички

de Knopp

гудзик

de Brill

окуляри

dat Armband

браслет

de Halskeed

ланцюг

de Ring

кільце

de Ohrbummel

сережка

de Mütz

шапка

de Klederbögel

плічка

de Hoot

капелюх

de Binner

краватка

de Rietslüter

застібка-блискавка

de Helm

шолом

dat Drachtband

підтяжки

de Schooluniform

шкільна форма

de Uniform

уніформа

de Severböten

нагрудник

de Snuller

соска

de Winnel

підгузок

dat Büro
офіс

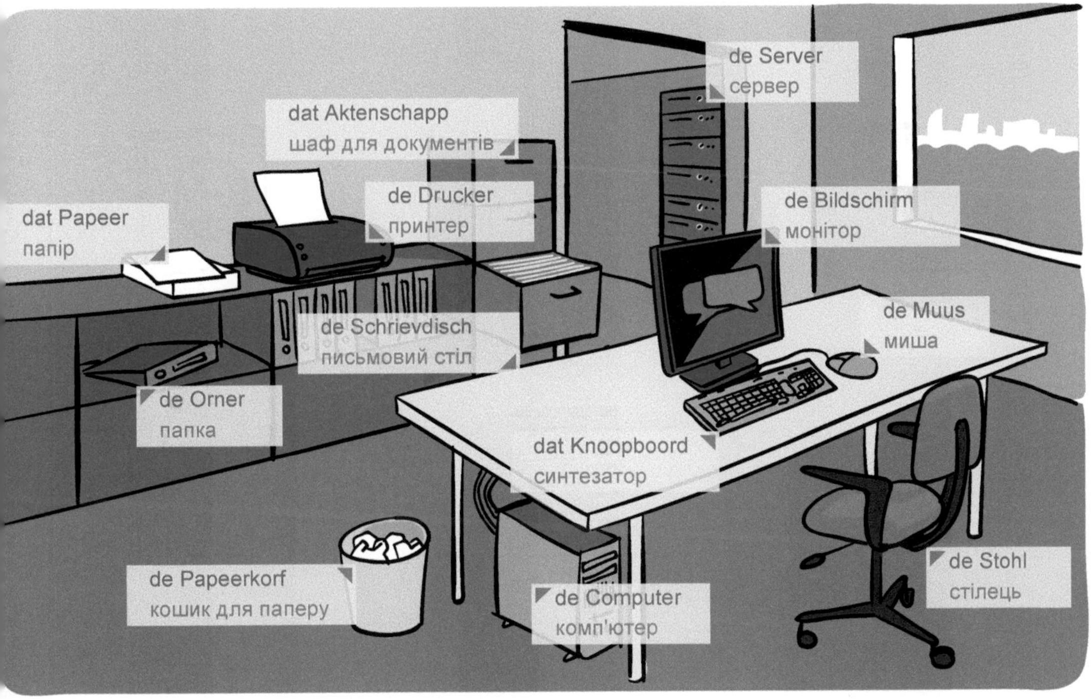

de Server
сервер

dat Aktenschapp
шаф для документів

de Drucker
принтер

de Bildschirm
монітор

dat Papeer
папір

de Schrievdisch
письмовий стіл

de Muus
миша

de Orner
папка

dat Knoopboord
синтезатор

de Papeerkorf
кошик для паперу

de Computer
комп'ютер

de Stohl
стілець

de Koffiebeker

кавовий кухоль

de Taschenreekner

калькулятор

dat Internet

інтернет

de Klappreekner

ноутбук

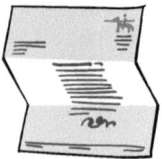

de Breef

лист

de Naricht

повідомлення

de Ackersnacker

мобільний телефон

dat Nettwark

мережа

de Kopeerapparat

копіювальний пристрій

de Software

програмне забезпечення

de Klöönkassen

телефон

de Steekdoos

розетка

de Faxapparat

факс

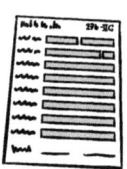

dat Formulor

бланк

dat Dokument

документ

köpen
купувати

betahlen
платити

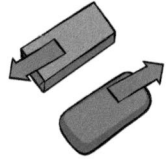

hanneln
торгувати

dat Geld
гроші

de Dollar
долар

de Euro
євро

de Yen
ієна

de Ruvel
рубль

de Swiezer Franken
франк

de Renminbi Yuan
юанів женьміньбі

de Rupie
рупія

de Geldautomat
банкомат

de Wesselstuuv

обмінний пункт

dat Gold

золото

dat Sülver

срібло

dat Ööl

нафта

de Energie

енергія

de Pries

ціна

de Verdrag

контракт

de Stüer

податок

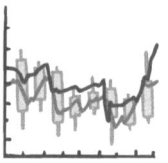

de Andeelschien

акція

arbeiden

працювати

de Anstellte

працівник

de Arbeitgever

роботодавець

de Fabrik

фабрика

de Hökerie

магазин

de Profeschonen
професії

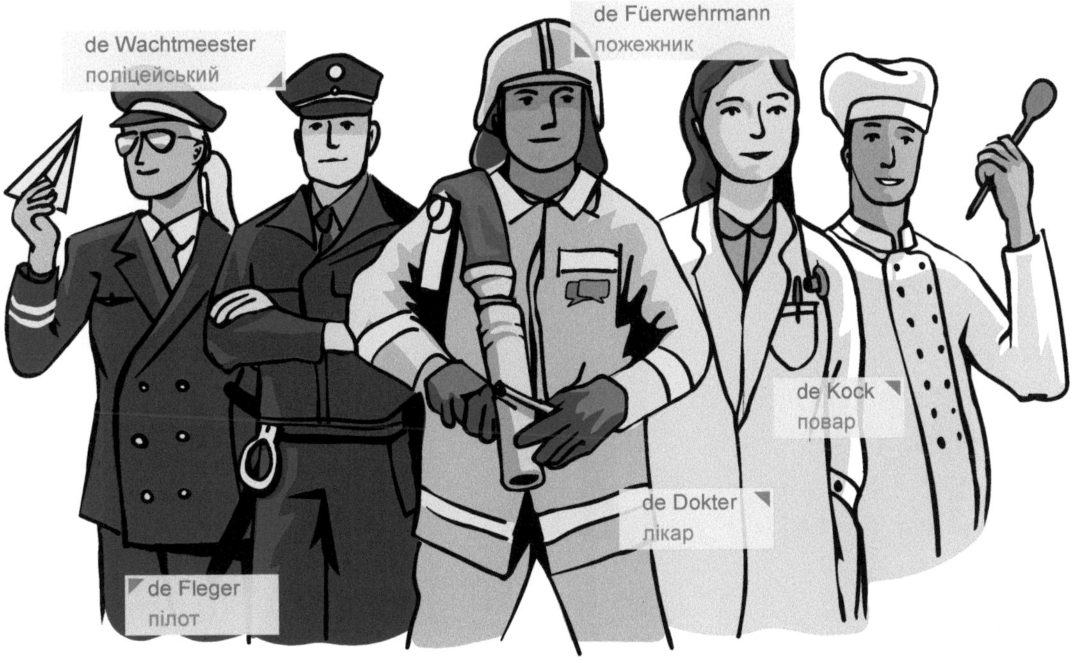
de Wachtmeester
поліцейський
de Füerwehrmann
пожежник
de Kock
повар
de Dokter
лікар
de Fleger
пілот

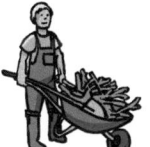

de Goorner
садівник

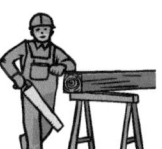

de Discher
столяр

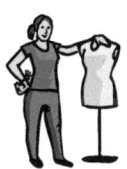

de Neihersche
швачка

de Richter
суддя

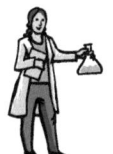

de Chemiker
хімік

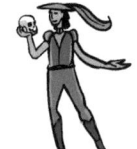

de Schauspeler
актор

de Busfohrer

водій автобуса

de Taxifohrer

таксист

de Fischer

рибалка

de Reinmaakfru

прибиральниця

de Dackdecker

покрівельник

de Kellner

офіціант

de Jäger

мисливець

de Maler

художник

de Bäcker

пекар

de Elektriker

електрик

de Buarbeider

будівельник

de Ingenieur

інженер

de Slachter

забійник

de Klempner

бляхар

de Postbüdel

листоноша

de Suldat

солдат

de Architekt

архітектор

de Kasserer

касир

de Florist

флорист

de Putzbüdel

перукар

de Schaffner

кондуктор

de Mechaniker

механік

de Kaptein

капітан

de Tähndokter

дантист

de Wetenschopler

вчений

de Rabbi

рабин

de Imam

імам

de Mönk

монах

de Paap

пастор

dat Warktüüch
інструменти

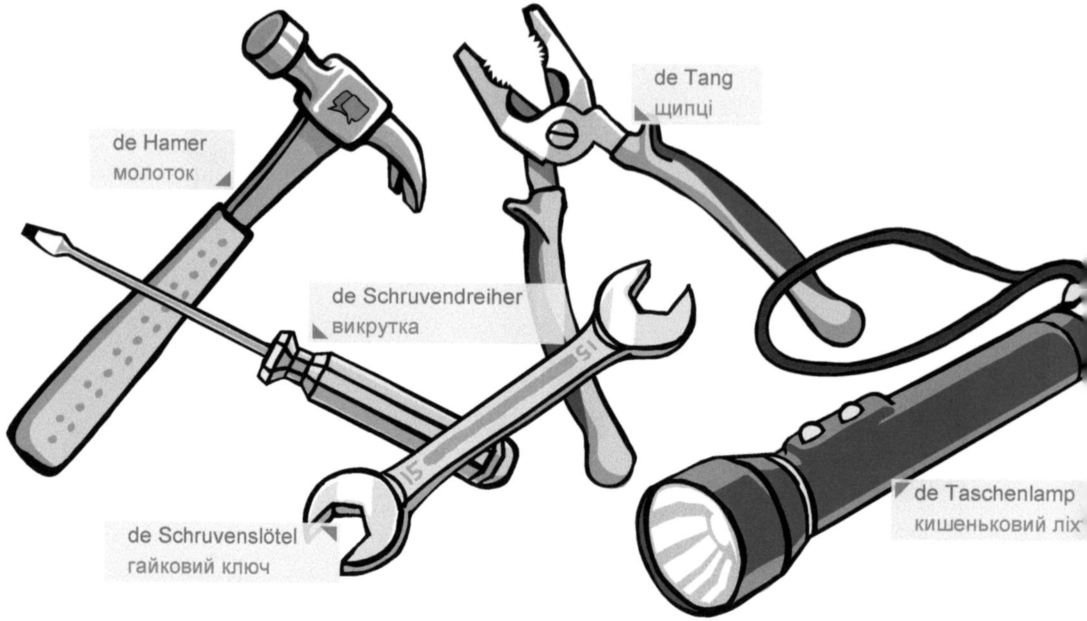
de Hamer
молоток
de Tang
щипці
de Schruvendreiher
викрутка
de Schruvenslötel
гайковий ключ
de Taschenlamp
кишеньковий ліх

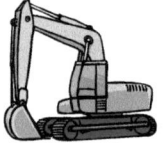

de Grieper

екскаватор

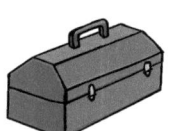

de Warktüüchkassen

ящик для інструментів

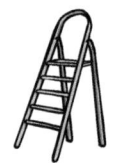

de Ledder

драбина

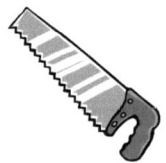

de Saag

пилка

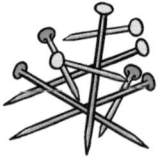

de Nagels

цвяхи

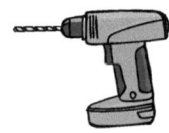

de Bohrer

свердло

heelmaken

ремонтувати

de Schüffel

лопата

Schiet!

лайно!

dat Kehrblick

совок

de Farvpott

відро з фарбою

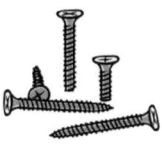

de Schruven

гвинти

de Musikinstrumenten

музичні інструменти

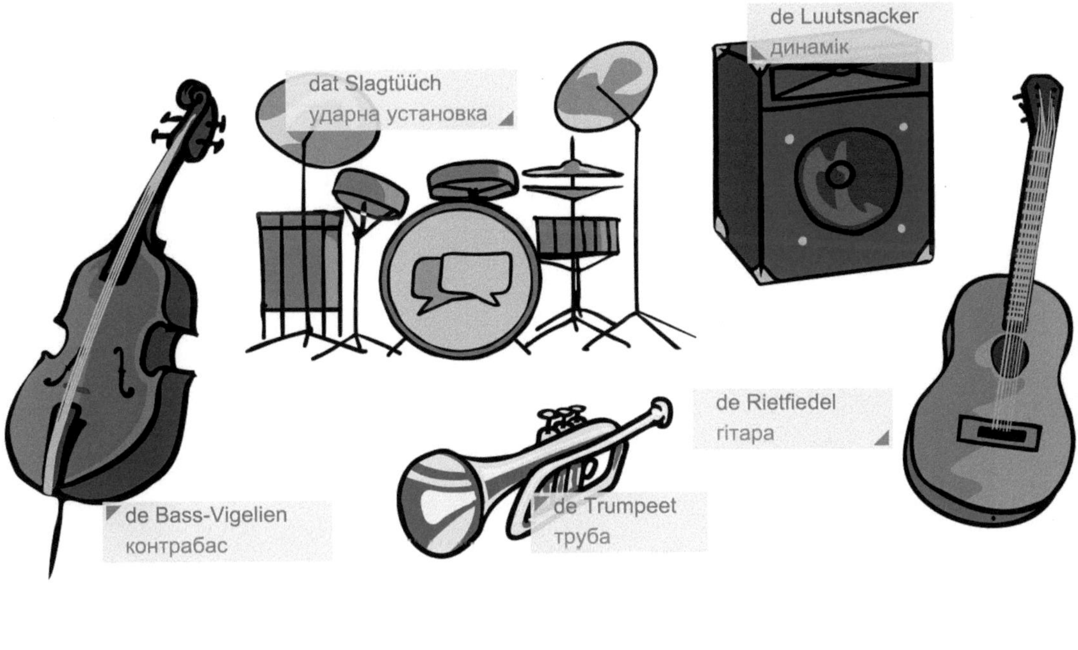

dat Slagtüüch
ударна установка

de Luutsnacker
динамік

de Rietfiedel
гітара

de Bass-Vigelien
контрабас

de Trumpeet
труба

dat Klaveer

фортепіано

de Vigelien

скрипка

de Bass

бас

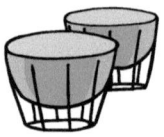

de Pauk

литаври

de Trummeln

барабан

dat Keyboard

клавіатура

dat Saxophon

саксофон

de Fleut

флейта

dat Mikrofoon

мікрофон

de Musikinstrumenten - музичні інструменти

de Deertenpark

зоопарк

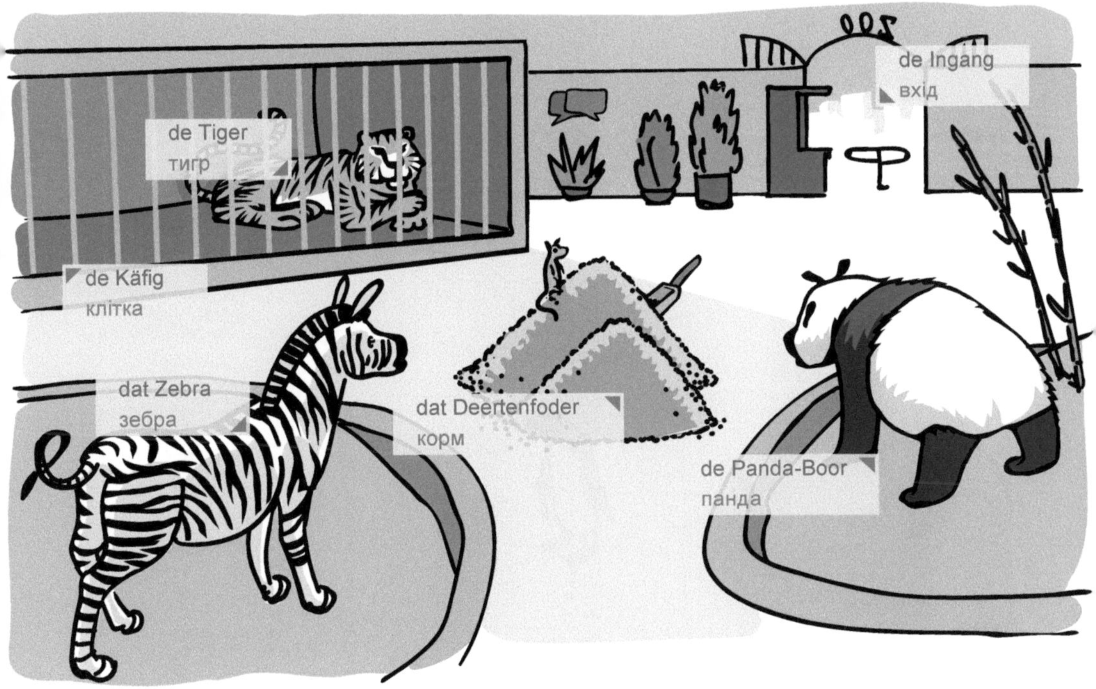

de Ingang
вхід
de Tiger
тигр
de Käfig
клітка
dat Zebra
зебра
dat Deertenfoder
корм
de Panda-Boor
панда

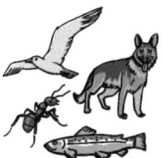

de Deerten

тварини

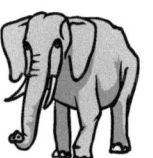

de Elefant

слон

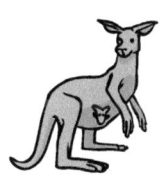

dat Känguru

кенгуру

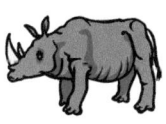

dat Neeshoorn

носоріг

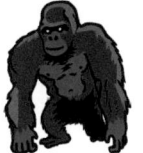

de Gorilla

горила

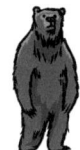

de Boor

ведмідь

dat Kameel

верблюд

de Struuß

страус

de Lööv

лев

de Aap

мавпа

de Flamingo

фламінго

de Papagoi

папуга

de Iesboor

білий ведмідь

de Pinguin

пінгвін

de Haifisch

акула

de Pageluun

павич

de Slang

змія

dat Krokodil

крокодил

de Oppasser in'n
Deertenpark

працівник зоопарку

de Saalhund

тюлень

de Jaguor

ягуар

dat Pony

поні

de Leopard

леопард

dat Nilpeerd

гіпопотам

de Giraff

жираф

de Aadler

орел

dat Wildswien

кабан

de Fisch

риба

de Schildkrööt

черепаха

dat Walross

морж

de Voss

лисиця

de Gazell

газель

de Amerikaansch Football
американський футбол

dat Radfohren
їзда на велосипеді

dat Tennis
теніс

de Korfball
баскетбол

dat Swümmen
плавання

dat Boxen
бокс

dat Ieshockey
хокей

de Football
футбол

dat Fedderball
бадмінтон

de Leichtathletik
легка атлетика

de Handball
гандбол

dat Skilopen
лижні перегони

dat Polo
поло

springen
стрибати

lachen
сміятися

ümarmen
обіймати

gahn
йти

singen
співати

drömen
мріяти

beden
молитися

snuteln
цілувати

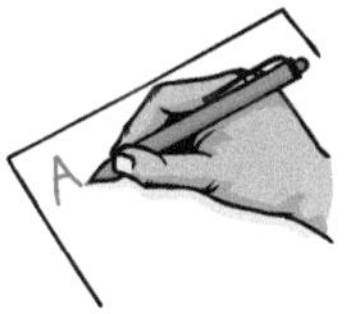

schrieven

писати

teken

малювати

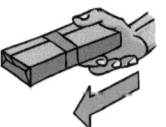

wiesen

показувати

drücken

тиснути

geven

давати

nehmen

брати

hebben

мати

doon

робити

sien

бути

stahn

стояти

lopen

бігати

trecken

тягнути

smieten

кидати

fallen

падати

liggen

лежати

töven

очікувати

dregen

носити

sitten

сидіти

antrecken

одягати

slapen

спати

opwaken

просипатися

ankieken

дивитися

wenen

плакати

eien

гладити

kämmen

розчісувати

snacken

розмовляти

verstahn

розуміти

fragen

питати

hören

слухати

drinken

пити

eten

їсти

oprümen

прибирати

leefhebben

любити

kaken

варити

fohren

їхати

flegen

літати

segeln

йти під вітрилом

reken

рахувати

lesen

читати

lehren

вчитися

arbeiden

працювати

de Plünnen tohoopsmieten

одружуватися

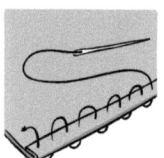

neihen

шити

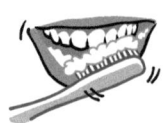

Tähnen putzen

чистити зуби

dootmaken

убивати

smöken

курити

schicken

посилати

de Familje

сім'я

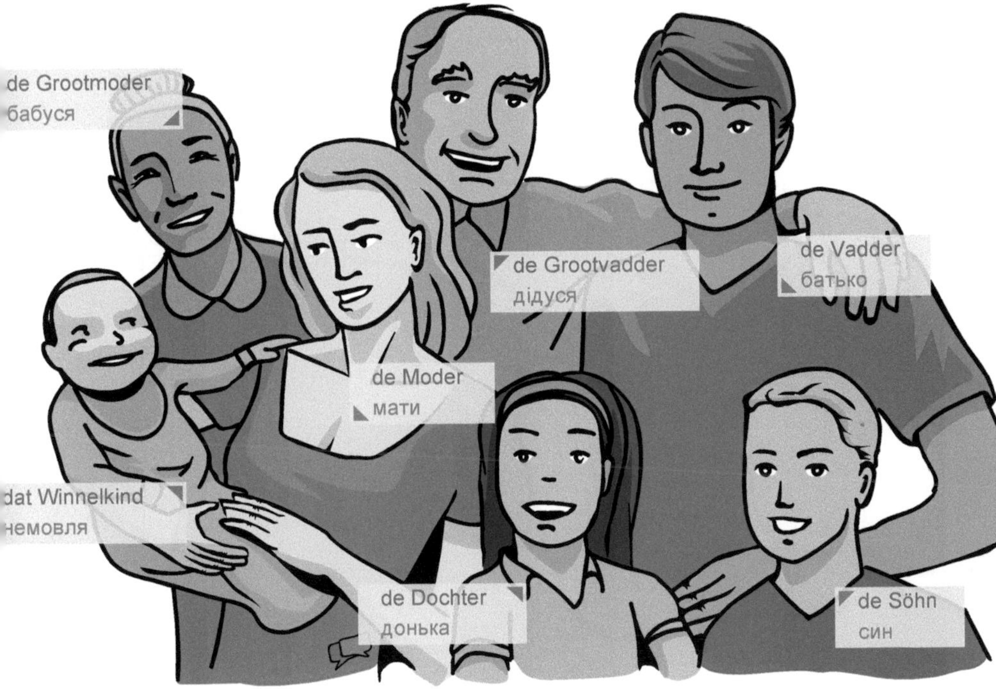
de Grootmoder
бабуся
de Grootvadder
дідуся
de Vadder
батько
de Moder
мати
dat Winnelkind
немовля
de Dochter
донька
de Söhn
син

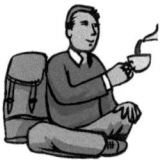

de Gast

гість

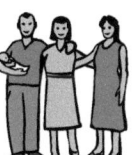

de Tant

тітка

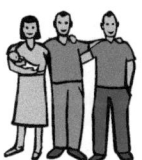

de Unkel

дядько

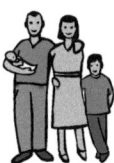

de Broder

брат

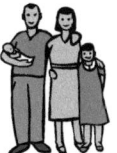

de Süster

сестра

de Lief

тіло

de Vörkopp
чоло
dat Oog
око
de Schuller
плече
de Finger
палець
dat Gesicht
обличчя
dat Kinn
підборіддя
de Hand
кисть
dat Been
нога
de Bost
груди
de Arm
рука

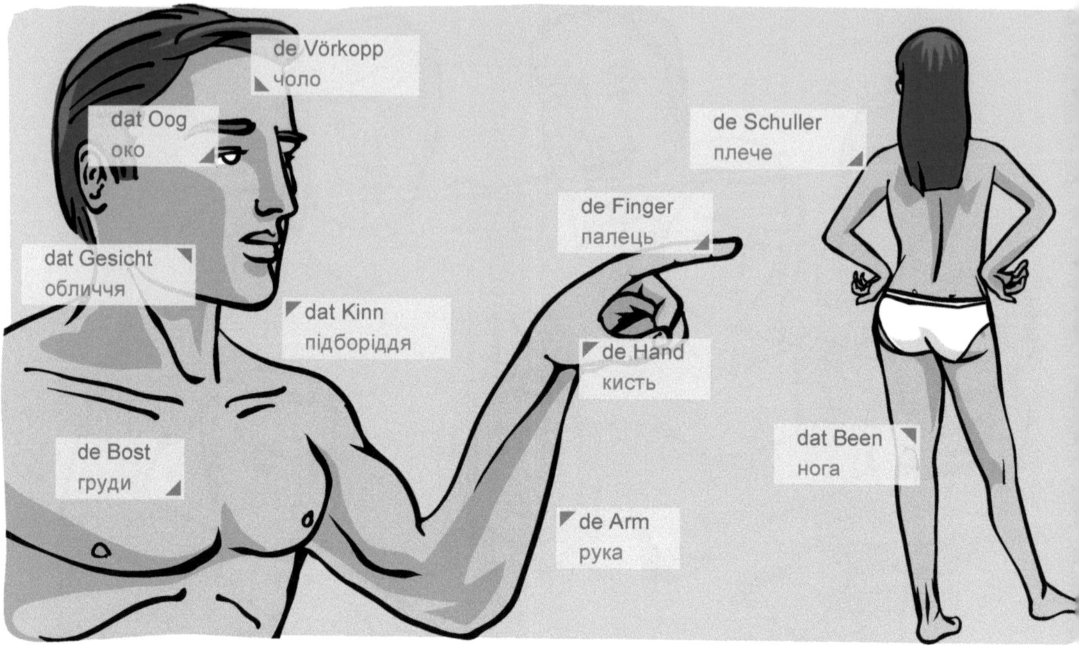

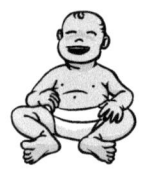

dat Winnelkind

немовля

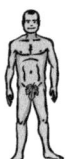

de Mann

чоловік

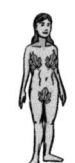

de Fro

жінка

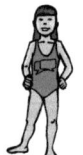

de Deern

дівчина

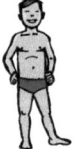

de Jung

хлопчик

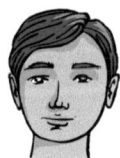

de Arm

голова

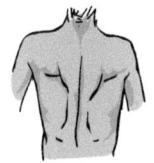

de Rüch

спина

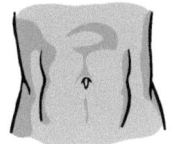

de Buuk

живіт

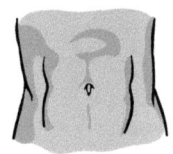

de Navel

пуп

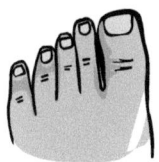

de Teh

палець ноги

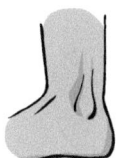

de Hack

п'ята

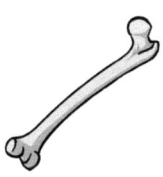

de Knaken

кістка

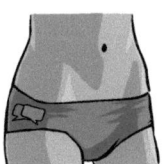

de Hüft

стегно

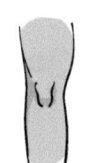

dat Knee

коліно

de Ellbagen

лікоть

de Nees

ніс

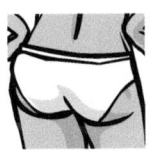

de Achtersen

сідниці

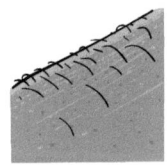

de Huut

шкіра

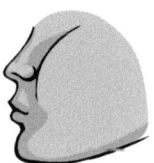

de Back

щока

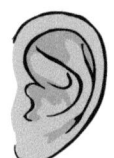

dat Ohr

вухо

de Lipp

губа

de Mund

рот

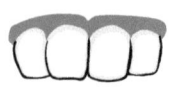

de Tähn

зуб

de Tung

язик

de Bregen

мозок

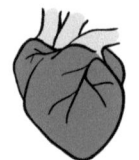

dat Hart

серце

de Muskel

м'яз

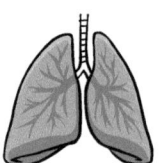

de Lung

легені

de Lever

печінка

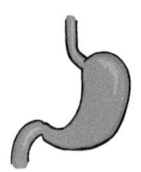

de Maag

шлунок

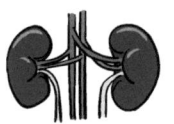

de Neren

нирки

de Bislaap

статевий акт

dat Kondoom

презерватив

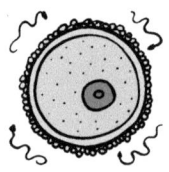

de Eizell

яйцеклітина

dat Sperma

сперма

de Anner Ümstänn

вагітність

de Lief - тіло

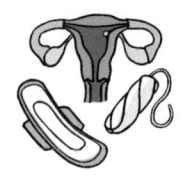

de Menstruatschoon

менструація

de Scheed

вагіна

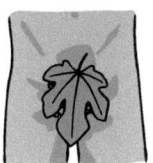

de Pint

пеніс

de Ogenbroe

брова

dat Hoor

волосся

de Hals

шия

dat Krankenhuus

лікарня

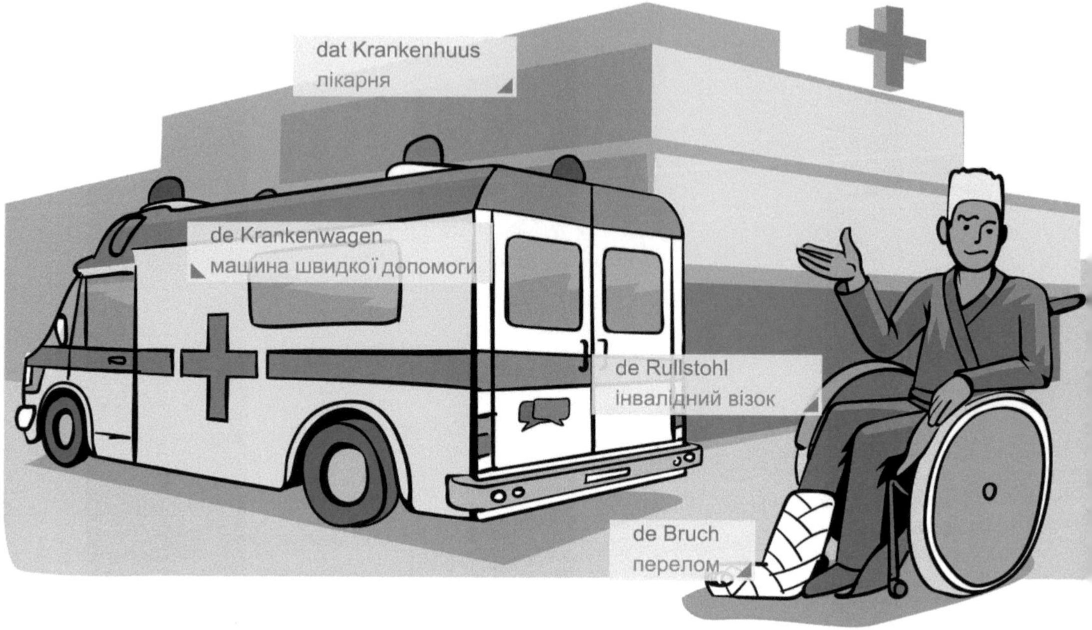

dat Krankenhuus
лікарня
de Krankenwagen
машина швидкої допомоги
de Rullstohl
інвалідний візок
de Bruch
перелом

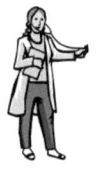

de Dokter

лікар

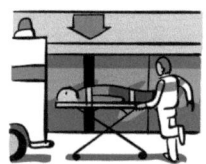

de Nootopnahm

відділення швидкої медичної допомоги

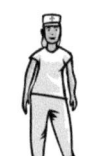

de Krankensüster

медсестра

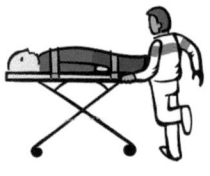

de Nootfall

аварійний випадок

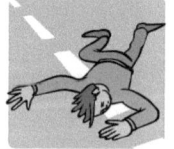

ahnmächtig

непритомний

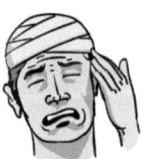

de Wehdaag

біль

de Verwunnen

травма

de Blöden

кровотеча

de Hartinfarkt

інфаркт

de Slaganfall

інсульт

de Allergie

алергія

de Hoosten

кашель

dat Fever

лихоманка

de Gripp

грип

de Dörchfall

пронос

de Koppwehdaag

головна біль

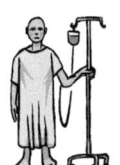

de Kreeft

рак

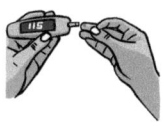

de Zuckersüük

діабет

de Chirurg

хірург

dat Chirurgsch Mess

скальпель

de Operatschoon

операція

dat Krankenhuus - лікарня

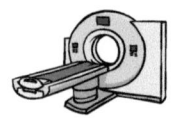

dat CT

КТ

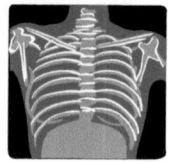

de Dörchlüchten

рентген

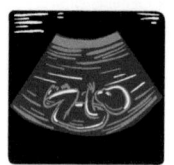

de Ultraschall

ультразвук

de Mask

маска

de Krankheit

хвороба

de Töövruum

зал очікування

de Krück

милиця

dat Plaaster

пластир

de Verband

пов'язка

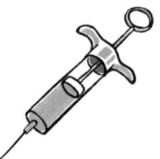

de Insprütten

ін'єкція

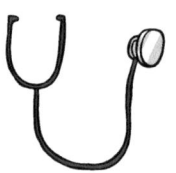

dat Stethoskop

стетоскоп

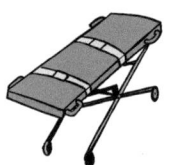

de Draag

ноші

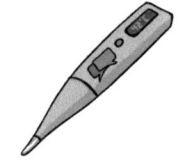

dat Feverthermometer

термометр

de Geboort

народження

dat Övergewicht

надмірна вага

dat Krankenhuus - лікарня

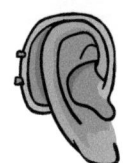

de Höörapparat

слуховий апарат

dat Kiemfriemiddel

дезінфікуючий засіб

de Ansteken

інфекція

de Virus

вірус

dat HIV / AIDS

ВІЛ / СНІД

dat Heelmiddel

медицина

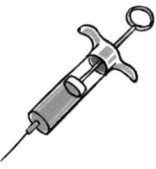

de Impen

вакцинація

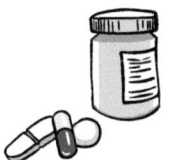

de Tabletten

таблетки

de Pill

протизаплідна пігулка

de Nootroop

екстрений виклик

de Blootdruck-Meter

тонометр

krank / gesund

хворий / здоровий

Hölp!

Допоможіть!

de Alarm

сигнал тривоги

de Överfall

напад

de Angreep

атака

de Gefohr

небезпека

de Nootutgang

аварійний вихід

dat Füer!

Вогонь!

de Füerlöscher

вогнегасник

de Unfall

аварія

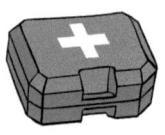

de Noothölpkoffer

аптечка

SOS

СОС

de Polizei

поліція

Europa

Європа

Noordamerika

Північна Америка

Süüdamerika

Південна Америка

Afrika

Африка

Asien

Азія

Australien

Австралія

de Atlantik

Атлантика

de Pazifik

Тихий океан

dat Indisch Weltmeer

Індійський океан

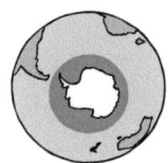

dat Antarktisch Weltmeer

Антарктичний океан

dat Arktisch Weltmeer

Північний Льодовитий океан

de Noordpol

Північний полюс

de Süüdpol

Південний полюс

de Antarktis

Антарктика

de Eerd

Земля

dat Land

суша

de See

море

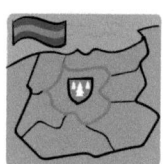

dat Eiland

острів

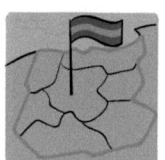

de Natschoon

нація

de Staat

держава

dat Tallenblatt

циферблат

de Stunnenwieser

годинникова стрілка

de Minutenwieser

хвилинна стрілка

de Sekunnenwieser

секундна стрілка

Wo laat is dat?

Котра година?

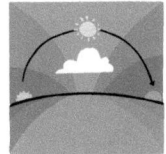

de Dag

день

de Tiet

час

nu

зараз

de digetaalsch Klock

цифровий годинник

de Minuut

хвилина

de Stunn

година

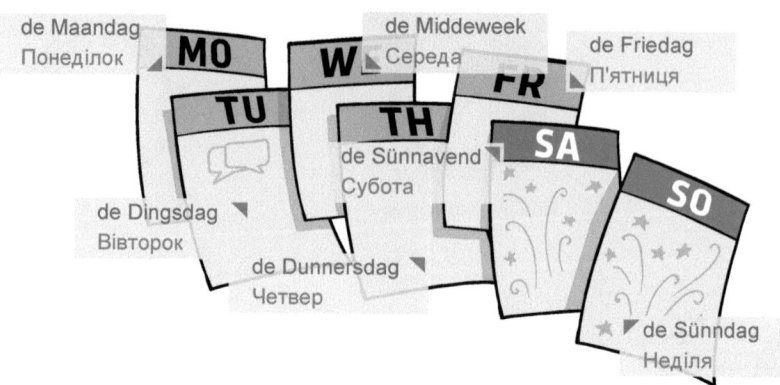

de Maandag
Понеділок

MO

W de Middeweek
Середа

de Friedag
П'ятниця

TU

TH

FR

SA

de Sünnavend
Субота

SO

de Dingsdag
Вівторок

de Dunnersdag
Четвер

de Sünndag
Неділя

güstern

вчора

hüüt

сьогодні

morgen

завтра

de Morgen

ранок

de Meddag

опівдні

de Avend

вечір

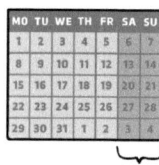

de Arbeitsdaag

робочі дні

dat Wekenenn

кінець робочого тижня

dat Johr

рік

de Regen
дощ
de Regenbagen
веселка
de Snee
сніг
de Wind
вітер
dat Fröhjohr
весна
de Harvst
осінь
de Sommer
літо
de Winter
зима

4.APRIL 11°
5.APRIL 4°
6.APRIL 13°
7.APRIL 8°
8.APRIL 10°

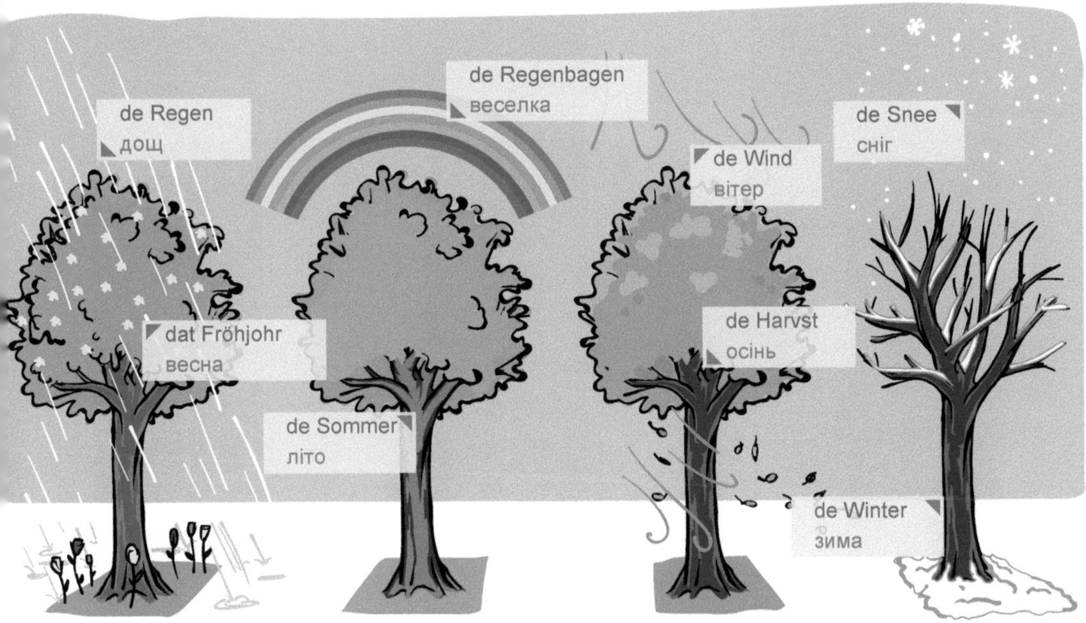

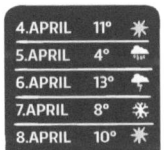

de Wedervörhersaag

прогноз погоди

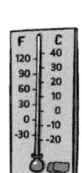

dat Thermometer

термометр

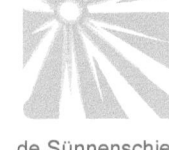

de Sünnenschien

сонячне світло

de Wulk

хмара

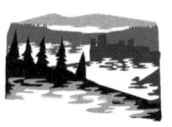

de Nevel

туман

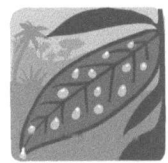

de Luftfuchtigkeit

вологість повітря

de Blitz

блискавка

de Dunner

грім

de Storm

шторм

de Hagel

град

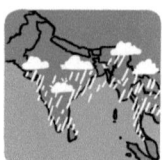

de Monsun

мусон

de Floot

повінь

dat Ies

лід

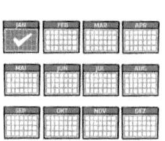

de Januormaand

Січень

de Februormaand

Лютий

de Martmaand

Березень

de Aprilmaand

Квітень

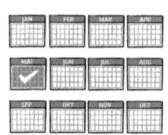

de Maimaand

Травень

de Junimaand

Червень

de Julimaand

Липень

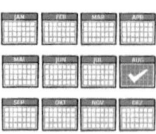

de Augustmaand

Серпень

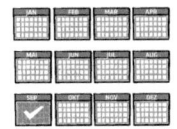

de Septembermaand

Вересень

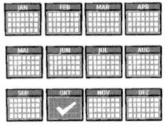

de Oktobermaand

Жовтень

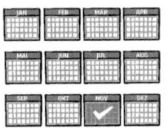

de Novembermaand

Листопад

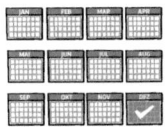

de Dezembermaand

Грудень

de Formen
форми

de Krink

круг

dat Quadrat

квадрат

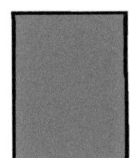

dat Rechteck

прямокутник

dat Dreeeck

трикутник

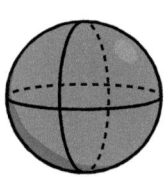

de Kugel

куля

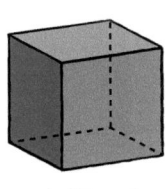

de Wörpel

куб

witt

білий

geel

жовтий

orangsch

помаранчевий

pink

рожевий

root

червоний

lila

фіолетовий

blau

синій

gröön

зелений

bruun

коричневий

gries

сірий

swart

чорний

veel / wenig

багато / мало

böös / verdreeglich

лютий / мирний

smuck / mies

гарний / бридкий

de Begünn / dat Enn

початок / кінець

groot / lütt

великий / малий

hell / düüster

світлий / темний

de Broder / de Süster

брат / сестра

schier / schietig

чистий / брудний

kumpleet / nich kumpleet

завершений /
незавершений

de Dag / de Nacht

день / ніч

doot / lebennig

мертвий / живий

breet / small

широкий / вузький

geneetbor / nich geneetbor

їстівний / неїстівний

böös / fründlich

злий / дружній

fickerig / langwielt

збуджений / нудьгуючий

dick / dünn

товстий / тонкий

toeerst / toletzt

спочатку / востаннє

de Fründ / de Fiend

друг / ворог

vull / leddig

повний / порожній

hart / week

жорсткий / м'який

swoor / licht

важкий / легкий

de Smacht / de Döst

голод / спрага

krank / gesund

хворий / здоровий

nich na't Recht / na't Recht

незаконний / законний

klook / dummerhaftig

розумний / дурний

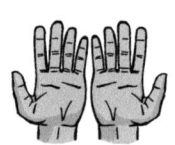

linkerhand / rechterhand

вліво / вправо

neeg / feern

поруч / далеко

nieg / bruukt

новий / використаний

nix / wat

нічого / щось

oolt / jung

старий / молодий

an / ut

вкл / викл

apen / slaten

відкрито / закрито

lies / luut

тихо / гучно

riek / arm

багатий / бідний

richtig / verkehrt

правильно / неправильно

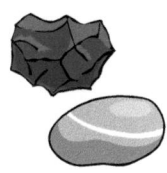

ruug / glatt

шорсткий / гладкий

trurig / glücklich

сумний / щасливий

kort / lang

короткий / довгий

suutje / flink

повільно / швидко

natt / dröög

вологий / сухий

warm / köhl

гарячий / холодний

de Krieg / de Freden

війна / мир

de Gegendelen - протилежності

0

null
нуль

1

een
один

2

twee
два

3

dree
три

4

veer
чотири

5

fief
п'ять

6

söss
шість

7

söven
сім

8

acht
вісім

9

negen
дев'ять

10

teihn
десять

11

ölven
одинадцять

12

twölf
....
дванадцять

13

dörteihn
....
тринадцять

14

veerteihn
....
чотирнадцять

15

föffteihn
....
п'ятнадцять

16

sössteihn
....
шістнадцять

17

söventeihn
....
сімнадцять

18

achtteihn
....
вісімнадцять

19

negenteihn
....
дев'ятнадцять

20

twintig
....
двадцять

100

hunnert
....
сто

1.000

dusend
....
тисяча

1.000.000

million
....
мільйон

dat Engelsch

англійська

dat Amerikaansch Engelsch

американська англійська

dat Chineesch Mandarin

китайська
високочиновницька

dat Hindi

хінді

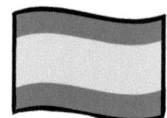

dat Spaansch

іспанська

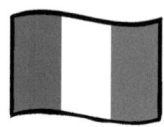

dat Franzöösch

французька

dat Araabsch

арабська

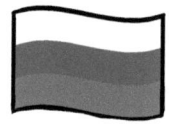

dat Rusch

російська

dat Portugiesch

португальська

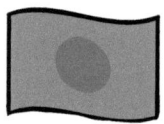

dat Bengaalsch

бенгальська

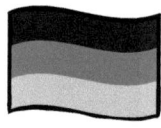

dat Düütsch

німецька

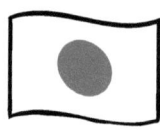

dat Japaansch

японська

ik

я

du

ти

he / se / dat

він / вона / воно

wi

ми

ji

ви

se

вони

keen?

хто?

wat?

що?

woans?

як?

woneem?

де?

wannehr?

коли?

de Naam

ім'я

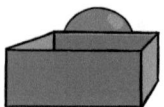

achter

ззаду

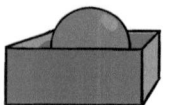

in

в

vör

перед

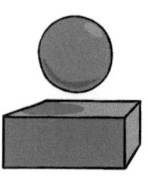

över

над

op

на

ünner

під

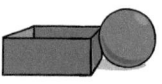

blangen

біля

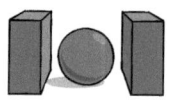

twüschen

між

de Oort

місце